Torben Søndergaard

Die letzte Reformation

Torben Søndergaard

Die letzte Reformation

Zurück zum neutestamentlichen Jüngerschaftsmodell

(Überarbeitete Neuausgabe)

GloryWorld-Medien

1. Auflage der überarbeiteten Version 2020

Bibelzitate sind, falls nicht anders gekennzeichnet, der Schlachter Übersetzung 2000, Copyright © Genfer Bibelgesellschaft, CH-1204 Genf, entnommen. Weitere Bibelübersetzungen:

HFA: Hoffnung für alle, Basel und Gießen, 1983
NGÜ:Neue Genfer Übersetzung
NeÜ: Neue evangelistische Übersetzung bibel.heute. Copyright © Karl-Heinz Vanheiden

Das Buch folgt den Regeln der Deutschen Rechtschreibreform. Die Bibelzitate wurden diesen Rechtschreibregeln angepasst.

Übersetzung: Katharina Neuwirth, Bernd Wenzel, Corinne Porreca und Anne-Christin Wenzel
Lektorat/Satz: Manfred Mayer
Umschlaggestaltung: Ronald Gabrielsen und Jens Neuhaus (www.7dinge.de)
Druck: arkadruk.pl

Printed in the EU

ISBN: 978-3-95578-381-5
Bestellnummer: 356381

Erhältlich beim Verlag:

GloryWorld-Medien
Beit-Sahour-Str. 4
D-46509 Xanten
Tel.: 02801-9854003
Fax: 02801-9854004
info@gloryworld.de
www.gloryworld.de

oder in jeder Buchhandlung

Stimmen zum Buch

Viele Jahre saß ich Sonntag für Sonntag in der Kirchenbank und dachte „Wow! Was für eine gute und bedeutende Predigt!“ Trotzdem haben alle diese vielen hundert Predigten nicht dazu geführt, dass ich im Alltag als Jünger gelebt habe! Das ist schockierend aber wahr!

Dorte

Beim Lesen von „Die letzte Reformation“ wurde mir bewusst, wie es zu dem heutigen Zustand der Kirchen und Gemeinden kam und warum es so wenig echte Nachfolger in unserem Land gibt. Das Buch offenbart Fakten zu unbiblischen kirchlichen Traditionen, derer sich die meisten Christen nicht bewusst sind und die sie unwissend akzeptiert haben. Wie weit haben wir uns doch vom wahren Christentum entfernt!

Ulla

Dieses Buch ist glaubwürdig und aufrüttelnd. Auf sehr transparente und ehrliche Weise schildert Torben die Herausforderungen, welche er auf seinem eigenen Weg erlebt hat, zur biblischen, Jesus gemäßen Art, Jünger zu machen, zurückzufinden. Die Botschaft ist klar, prägnant und biblisch.

Klaus

Torbens Buch sollte jeder lesen, der unzufrieden mit der Art ist, wie Kirche in der heutigen Zeit in vielen Ländern gelebt wird. Das hierarchische Leitungssystem lässt nur ein paar Auserwählte zum Zug kommen, während alle anderen brav ihren Zehnten bezahlen und gehorsam in den Gottesdiensten sitzen und zuhören. Der Missbrauch und die Kontrollmechanismen (um uns und unser Geld zu behalten), die verwässerten Botschaften, um den „Suchenden“ zu gefallen, müssen sich verändern, wenn wir die lebendigen und fähigen Nachfolger werden wollen, die Jesu Werk weiterführen und Jünger in allen Nationen machen, so wie Jesus uns geboten hat. Möge die Reformation beginnen!

Nana

Inhalt

Danksagungen

Ein besonderer Dank geht an:
Sam Blakeley, John van Wendel de Joode,
Scott Galbraith, Ronald Gabrielsen und andere, die geholfen haben,
dass dieses Buch auf Englisch publiziert wurde,

sowie an:
Katharina Neuwirth, Bernd Wenzel,
Corinne Porreca und Anne-Christin Wenzel
für die Hilfe bei der Übersetzung ins Deutsche.

Ihr seid ein Segen.
Torben Søndergaard.

Vorbemerkung

Die beiden Begriffe „Gemeinschaft“ und „Kirche“ sind in diesem Buch mit unterschiedlichen Bedeutungen belegt.

Der Begriff „Gemeinschaft“ wird hauptsächlich für das Zusammenkommen von Gläubigen gebraucht, die weder ein spezielles Kirchengebäude noch feste Strukturen haben und die ausschließlich durch den Heiligen Geist und das Wort Gottes geleitet werden.

Der Begriff „Kirche“ wird für ein Zusammenkommen im traditionellen Sinn gebraucht und bezieht sich auf „organisierte Religionsausübung“, mit klassischem Kirchengebäude, Führungsstrukturen, einer Versammlung von Zuhörern usw.

Einfach ausgedrückt: „Kirche“ ist mit Gebäude und „Gemeinschaft“ ist ohne. Es lässt sich nicht immer eindeutig auseinanderhalten, doch im Textzusammenhang sollte klar sein, was gemeint ist.[1]

Die Begriffe „im Westen“ oder „westliche Kirchen“ beziehen sich sowohl auf europäische als auch auf amerikanische Kirchen.

Torben Søndergaard, der Autor dieses Buches, stammt aus Dänemark. Das englische Original beinhaltet einige Bezüge zu Dänemark und zur dortigen lutherischen Kirche, die in Dänemark eine „Staats-

[1] Das englische Wort „church“ kann im Deutschen entweder mit „Kirche“ oder „Gemeinde“ übersetzt werden, da Martin Luther in seiner Bibelübersetzung das zugrundeliegende griechische Wort „ekklēsia“ (dt.: herbeigerufene Versammlung) nicht mit „Kirche“, sondern „Gemeinde“ übersetzt hat. Diese Übersetzung war wohl als Abgrenzung zu der bis dahin dominierenden katholischen „Kirche“ zu verstehen, um im Verständnis der damaligen Leser eine automatische Gleichsetzung mit der römisch-katholischen Kirche zu verhindern. Unter „Kirchen“ werden heute im deutschsprachigen Raum vor allem die beiden Großkirchen (ev.-luth. bzw. kath.) verstanden. Die „Freikirchen“ bezeichnen sich selbst überwiegend mit dem Begriff „Gemeinde“ bzw. „Kirchengemeinde“. In diesem Sinne wurden bei der Übersetzung für das englische „Church“ sowohl „Kirche“ als auch „Gemeinde“ verwendet, abhängig davon, ob es im Kontext mehr um die Kirchen im Allgemeinen oder bestimmte Freikirchen im Speziellen ging.

kirche“ mit einem eigenen Kirchenministerium ist und sich so von der Situation im deutschsprachigem Raum deutlich unterscheidet. An einigen Stellen wurde zum besseren Verständnis stattdessen der Bezug zu den Volkskirchen im deutschsprachigen Raum hergestellt.

Einleitung

Wir durften Torben Søndergaard kennenlernen und konnten ihn in Aktion erleben. Was wir gesehen haben, ist: Gottes Reich wird gepredigt, Menschen werden gerettet, freigesetzt, geheilt, getauft und mit dem Heiligen Geist erfüllt, gerade so, wie wir es in der Apostelgeschichte lesen – und so geschieht es in vielen Ländern und an vielen Orten, wo das Evangelium durch die Kraft des Heiligen Geistes gepredigt wird.

Torbens Leidenschaft gilt der Errettung von Menschen und der Gemeinschaft. Menschen, die gerettet werden, werden schnell in ein praktisches Jüngerschaftsprogramm und in diverse Formen von Gemeinschaft integriert. Neue Christen fangen schnell an, Jesu Leben in Wort und Tat zu praktizieren, welches wiederum dazu führt, dass andere zum Glauben an ihn kommen.

Torben hat die Kirchengeschichte und die Bibel studiert, speziell die Apostelgeschichte, um biblische Prinzipien zu finden, die brauchbar sind, um Menschen zu erreichen. In diesem Buch beschreibt er seinen eigenen Weg, von dem wir alle lernen können. Das Heranbilden von Jüngern bzw. Nachfolgern ist der Fokus im ganzen Buch. Torben zeigt durch verschiedene Beispiele, wie man Nachfolger am besten trainiert.

Die meisten Christen und auch wir haben einfach bestimmte Vorstellungen übernommen, was man unter Kirche versteht und was ein Nachfolger ist. Torben fordert uns heraus, das zu hinterfragen, und benutzt dazu Beispiele aus der Bibel sowie aus der Kirchengeschichte. Dieses Buch ist herausfordernd und unverblümt, aber wir alle wollen erleben, dass mehr Menschen zum Glauben an Jesus finden, Jünger trainiert und Gemeinschaften gestärkt werden und sich multiplizieren. Darum glauben wir, dass „Die letzte Reformation" einen wichtigen Beitrag leistet, wenn wir uns Gedanken darüber machen, wie wir in unserer Zeit Gemeinde sein und praktizieren sollen.

Wir ermutigen dich, dieses Buch betend und mit offenem Herz und Sinn zu lesen. Es ist deine Entscheidung, wie du das umsetzt, was du in diesem Buch liest.

Wir brauchen dringend einen Paradigmenwechsel, was Gemeinschaft und Jüngerschaft angeht – einen christlichen Lebensstil, der widerspiegelt, was wir in der Apostelgeschichte lesen. Wir glauben, dass es in jedem Land und in der heutigen Zeit möglich ist!

Für Gottes Königreich und für die Errettung von Menschen!

Charles Kridiotis und Mattias Nordenberg

Vorwort

Eine dritte Reformation

Christian Schwarz, ein deutscher Forscher und Theologe, hat sich mit dem Thema Gemeindewachstum beschäftigt und kam dabei zu dem Schluss, vieles deute darauf hin, dass wir in einer Zeit leben, in der wir eine dritte Reformation erleben werden.

Die erste Reformation fand im sechzehnten Jahrhundert statt, als Martin Luther gegen die katholische Kirche und deren Lehren aufstand. Er stellte den Kern des Evangeliums wieder ins Zentrum, nämlich die Rechtfertigung allein durch den Glauben. Man könnte sagen, dass es bei dieser Reformation um Theologie ging. Wenn wir uns heute die Strukturen der „Großkirchen“ im deutschsprachigen Raum anschauen, dann können wir jedoch noch viele katholische Strukturen darin erkennen. Das hat damit zu tun, dass Martin Luther nicht viel an den Strukturen geändert hat.

Die zweite Reformation geschah im achtzehnten Jahrhundert, als die Wesley-Brüder aktiv waren. Während dieser Reformation wurde die Möglichkeit zu einer engen, persönlichen Beziehung mit Christus neu entdeckt. Diese war hauptsächlich eine geistliche Erneuerung, eine Reformation, in der man die leidenschaftliche Beziehung zu seinem persönlichen Erretter betonte. Das führte zu einer Leidenschaft für Mission und Evangelisation. Jedoch änderte sich, genau wie vorher, die Struktur – das kirchliche System und der Gottesdienstablauf – kaum. Wiederum war es wie ein Flicken auf ein altes Kleid.

Wenn wir uns die Geschichte anschauen, können wir sehen, dass keine der vergangenen Erweckungen ernsthaft etwas an den kirchlichen Strukturen verändert haben. Was wir wirklich brauchen, ist eine neue und radikale Reformation, eine dritte Reformation, die, wie Christian Schwarz und viele andere denken, die Struktur unserer Kirchen grundlegend verändern wird.

Bei der dritten Reformation wird es nicht nur kleine Veränderungen hier und dort geben, nein, es ist eine Reformation, die so tief geht, dass sie einen völligen Neustart erfordert. Ich bin der gleichen Meinung wie Christian Schwarz, Wolfgang Simson und andere, welche sich zu diesem Thema äußern. Was ich in diesem Buch präsentiere, ist deshalb ganz bestimmt nicht nur meine eigene Meinung. Es wurden bereits viele gute Bücher zu diesem Thema geschrieben, aber eine große Anzahl davon gehen so sehr in die Tiefe, dass sich die Leser speziell für Kirchengeschichte und Kirchenstrukturen interessieren müssen, um diese Bücher verstehen zu können. Fehlen dieser Hintergrund und die spezielle Ausbildung, kann es etwas schwierig sein, sich durch diese Bücher hindurchzuarbeiten. Deshalb werde ich in diesem Buch nicht so sehr in die Tiefe gehen. Stattdessen möchte ich dem Leser einen Vorgeschmack auf das geben, was Gott tun wird und wie die zukünftige Kirche aussehen wird. Auch wenn ich nichts Neues präsentiere, wird es für die meisten Leute trotzdem neu sein. Anscheinend hat diese Botschaft in Skandinavien und Europa noch keinen so großen Durchbruch wie an anderen Orten dieser Welt erzielt. Deshalb hoffe ich, dass dieses Buch dir hilft, in dir als Leser eine Reformation zu starten und dass du nach dem Lesen dieses Buches selbst die Bibel noch tiefer dahingehend untersuchst, was sie über alle diese Dinge sagt.

Gott will, dass etwas Neues geschieht. Und diese Reformation ist notwendig. Dessen bin ich mir sicher. Doch obwohl ich von diesen Dingen, über die ich schreibe, völlig überzeugt bin, schreibe ich mit „Furcht und Zittern“, weil ich weiß, dass es nicht so einfach akzeptiert werden wird.

Wir sind heute immer noch dankbar für die Reformation, die Martin Luther gebracht hat. Ja, sogar fünfhundert Jahre später, finden wir es immer noch fantastisch, was geschehen ist, und haben eine fast idealistische Vorstellung davon. Wir glauben, Luther habe damals am 31. Oktober 1517 ruhig und friedlich die fünfundneunzig Thesen an die Tür der Kirche in Wittenberg genagelt, während viele Menschen hinter ihm standen und applaudierten. Alles war wunderbar und legte den Grundstein für die Reformation, für welche wir heute dankbar sind.

Wir vergessen dabei aber vieles. Wir vergessen, dass diese Reformation nicht so einfach akzeptiert wurde. Sie erzeugte einen großen Widerstand. Luthers Schriften wurden verbrannt und er wurde beschuldigt, vom Teufel gesandt zu sein, um Krieg mit Gottes Kirche zu führen. Wir vergessen, dass dies zu gewalttätigen Kämpfen geführt hat, bei denen Tausende Männer, Frauen und Kinder umkamen. Wir vergessen, dass die Kirche jener Zeit die Reformation nicht wollte und alles tat, um sie zu bekämpfen. Du denkst vielleicht, das stimmt, aber das war die katholische Kirche. Hierauf meine Antwort: Ja, es war die katholische Kirche, aber es war trotzdem die Kirche. Heute werden es andere Konfessionen sein, die das bekämpfen, was Gott will. Warum sollte es heute anders sein? Ich behaupte nicht, dass wieder Tausende umkommen werden, doch warum sollte diesmal alles ganz reibungslos ohne Spaltungen und ohne die Anschuldigung ablaufen, wir arbeiteten gegen Gott und versuchten die Kirche zu zerstören?

In Wahrheit ist diese Reformation notwendig, und sie wird nicht problemlos ablaufen! Man wird uns vorwerfen, wir wollten die Kirche zerstören. Wir werden die Opposition vieler Christen erleben, die gegen das sind, für was wir einstehen. Man wird uns vorhalten, wir seien verführt worden und gefährlich. Wir wissen jedoch, dass das, was wir tun, für die Kirche und für Gott ist, da wir etwas erkannt haben, was Gott auf dem Herzen hat.

Warum hat sich die Kirche gegen Martin Luther gewandt? War der Grund der, dass seine Worte nicht mit Gottes Wort übereinstimmten? Nein, das war es nicht. Der Kirche ging es nicht um das, was die Bibel sagte, sondern um etwas ganz anderes. Martin Luthers Lehre widersetzte sich einem System, welches auf Geld, Macht und Kontrolle gegründet war. Das wird auch heute ein große Rolle spielen. Menschen werden unser Anliegen auch heute bekämpfen, und zwar nicht, weil es unbiblisch wäre, sondern weil es das System kaputtmacht, welches sie mitgebaut haben. Geld, Macht und Kontrolle bedeuten auch heutzutage noch vielen Kirchen- und Gemeindeleitern eine Menge. Nicht, weil Pastoren Gott nicht dienen oder nicht das Richtige tun wollen, sondern hauptsächlich deshalb, weil sie es entweder nicht erkannt haben oder weil sie viel verlieren würden, wenn sie diese Richtung einschlagen würden. Wenn sie sehen, dass andere das System verlassen, werden sie für ihr System kämpfen, weil sie ihre Mitglieder verlieren und somit auch das Geld, welches das System am Laufen hält. Wir werden uns das später noch genauer anschauen.

Folgendes hat Jesus gesagt und getan:

> *Und das Passah der Juden war nahe, und Jesus zog hinauf nach Jerusalem. Und er fand im Tempel die Verkäufer von Rindern und Schafen und Tauben und die Wechsler, die dasaßen. Und er machte eine Geißel aus Stricken und trieb sie alle zum Tempel hinaus, samt den Schafen und Rindern, und den Wechslern verschüttete er das Geld und stieß die Tische um; und zu den Taubenverkäufern sprach er: „Schafft das weg von hier! Macht nicht das Haus meines Vaters zu einem Kaufhaus!" Seine Jünger dachten aber daran, dass geschrieben steht: „Der Eifer um dein Haus hat mich verzehrt"* (Joh 2,13-17).

Gott lebt nicht in einem aus Steinen gebauten Tempel. Er lebt in uns – den Christen, seinen Nachfolgern. Würde Jesus heute auf der Erde leben und sehen, was los ist, dann würde er auf dieselbe Art und Weise reagieren. Er würde sich nicht einfach zurücklehnen, und dies tolerieren, wie wir es tun.

> *Meint ihr, ich sei gekommen, um Frieden auf die Erde zu bringen? Nein, sage ich euch, nicht Frieden, sondern Entzweiung. Von jetzt an wird es so sein: Wenn fünf Menschen unter einem Dach leben, werden sich drei gegen zwei stellen und zwei gegen drei. Der Vater wird sich gegen den Sohn stellen und der Sohn gegen den Vater, die Mutter gegen die Tochter und die Tochter gegen die Mutter, die Schwiegermutter gegen die Schwiegertochter und die Schwiegertochter gegen die Schwiegermutter ... Warum macht ihr euch nicht selbst klar, was [vor Gott] richtig ist?* (Lk 12,51-53.57).

Jesus ist voller Eifer um seine Gemeinde hier auf Erden. Haben wir denselben Eifer? Jesus sagte, es würde uns etwas kosten, ihm nachzufolgen. Sind wir bereit, den Preis zu zahlen? Es wird Spaltungen geben, und einige Christen werden es bekämpfen, da es die Gemeinde zu zerstören scheint. Ich meine es ehrlich, wenn ich sage, dass ich mit der Veröffentlichung dieses Buches nicht vorhabe, Gottes Gemeinde zu zerstören. Ich tue das nicht, weil ich gegen die Gemeinde bin. Ich liebe die Gemeinde, und deshalb versuche ich, sie aus Liebe zu retten. Ich liebe Gottes Volk und ich liebe Gott, und deshalb tue ich, was ich tue. Der einzige Unterschied ist, dass meine Sicht davon, was Gott mit seiner Gemeinde vorhat, sich von der vieler anderer Leute unterscheidet.

Nach Martin Luthers Reformation nutzte Gott verschiedene Erweckungen, um der Kirche verschiedene Wahrheiten aus seinem Wort aufzuzeigen, die verloren gegangen waren, Wahrheiten, die seit dem ersten Pfingsten existiert hatten, die aber bis zum fünften Jahrhundert praktisch aufgegeben worden waren und während des Mittelalters nur durch kleine Gruppen von Gläubigen hier und dort bewahrt wurden. Jede dieser Erweckungen führte eine biblische Wahrheit wieder ein und brachte die Kirche dem näher, was wir in der Bibel über die Urgemeinde lesen.

Nach der Reformation von Martin Luther kam zunächst eine Erweckung, durch die Gott die „biblische Taufe von Gläubigen" (vollständiges Eintauchen auf der Grundlage eines persönlichen Glaubens) offenbarte. Später kam die methodistische Erweckung, welche die Rechtfertigung durch den Glauben auf eine neue Art aufzeigte. Danach kam die Erweckung der Adventisten mit der „Hoffnung auf Jesu Wiederkunft".

Die nächsten Erweckungen erneuerten die Bedeutung der „Taufe im Heiligen Geist" und der „Gaben des Geistes". Die letzte große Erweckung fand in Wales mit Evan Roberts statt. Diese Erweckung brachte eine Wiederherstellung des „fünffachen Dienstes": die Dienste der Apostel, Propheten, Evangelisten, Hirten (Pastoren) und Lehrer, die Gott der Kirche gegeben hatte. Schuld daran, dass diese Dienste verloren gegangen waren, war hauptsächlich die Synode im Jahr 325 nach Christus. Damals wurden die Kirchen entsprechend dem Vorbild der Strukturen des Römischen Reiches umgestaltet, also mit Papst, Bischöfen, Priestern, Mönchen und Nonnen, welche später im Protestantismus durch Pastoren, Bischöfe und den Ältestenrat ersetzt wurden.

Als Folge dieser Erweckungen wurden nicht nur die Wahrheiten aus Gottes Wort erneuert, sondern es entstanden auch die verschiedenen Konfessionen, die wir heute haben, wie die Lutheraner, Methodisten, Adventisten, die Pfingstbewegung und andere. Alle diese Erweckungen waren wichtig, da sie alle verloren gegangene Wahrheiten ans Licht brachten. Keine dieser Erweckungen jedoch kümmerte sich um die „Strukturen" der Kirche. Folglich war das Resultat wieder dasselbe, wie wenn man ein neues Stück Stoff auf ein altes Kleidungsstück näht.

Jesus kommt bald wieder, und ich bin davon überzeugt, dass wir diejenigen sind, die seine Wiederkunft erleben werden. Aber bevor er kommt, bereitet er seine Kirche wie eine Braut zu, die bereit ist, ihren Bräutigam zu treffen. Wenn wir die vergangenen Erweckungen betrachten, scheint eine Reformation der Strukturen der Kirche das Einzige zu sein, was noch aussteht. Es war niemals Gottes Absicht, dass die neu offenbarten Wahrheiten zu neuen, voneinander unabhängigen Konfessionen führen sollten, die nach gewisser Zeit das Erweckungsfeuer wieder zum Erlöschen brachten. Gott hatte auch nie die Absicht, voneinander unabhängige Kirchen und Konfessionen zu gründen, die an ihren erkannten „kleinen" Wahrheiten festhalten, aber alles andere ignorieren und auf diese Weise ihre Mitglieder davon abhalten, zur Erkenntnis der vollen Wahrheit zu kommen.

Die Rechtfertigung durch den Glauben ist wichtig und steht am Anfang eines neuen Lebens in Christus, aber danach geht es darum, dass wir Jesus nachfolgen. Dazu müssen wir in Wasser getauft werden, um unsere alte, sündige Natur zu begraben, und daraus auferstehen, um im Auferstehungsleben in Christus zu leben. Wir benötigen die Rechtfertigung im Glauben nicht „nur", damit Jesus unsere Sünden vergibt, sondern auch, um die Macht der Sünde in unserem Leben zu brechen, sodass wir im Glauben dieses heilige Leben führen können, zu welchem Gott uns berufen hat. Außerdem benötigen wir unter anderem auch noch die Taufe im Heiligen Geist, damit wir fähig sind, als Jünger und Nachfolger Jesu Christi zu leben. Dann erleben wir auch, wie die Kirche wächst.

Martin Luther, die Reformation und die Erweckungen sind nicht der Ausgangspunkt, da jedes Mal nur ein kleiner Teil von Gottes

Wahrheit offenbart wurde. Unser Ausgangspunkt ist die Bibel, welche Gottes Wort ist, und Jesus Christus, weil wir in ihm alles haben, was wir für ein Gott gefälliges Leben brauchen (vgl. 2 Pt 1,3). Und genau das ist auch wichtig, wenn wir die kirchlichen Strukturen anschauen.

Ich glaube, dass wir uns einer dritten Reformation nähern, und ich glaube auch, dass dies die letzte Reformation sein wird, bevor Jesus wiederkommt. Dies ist eine Reformation, durch die Gott alle Teile zusammenbringt und die Kirche vorbereitet, den Bräutigam zu treffen.

Möge die Reformation beginnen!

Torben Søndergaard

Kapitel 1

Ein Gedankenexperiment

Vor einiger Zeit schrieb ich ein Buch mit dem Titel „Christ, Jünger oder Sklave?“. Darin untersuche ich den Lebensstil der ersten Christen, insbesondere, was Jesus zum Thema Nachfolge gesagt hat. Daneben geht es darum, wie Christen damals sonst noch genannt wurden. In der originalen Sprache wurden sie hauptsächlich „Jünger“, aber auch „Christi Sklaven“ genannt. Und ich erkläre, warum es wichtig ist, die Bibel so zu lesen, wie sie ist, und nicht entsprechend dem zu interpretieren, was heute in der Gesellschaft passiert.

Wenn wir in der Bibel lesen, wie wir Jesus nachfolgen sollen, ist das Problem, dass wir dann unsere heutige Gesellschaft anschauen und zu dem Schluss kommen, dies sei unmöglich und heute müsse es anders gehen. Heute scheint man nicht mehr alles hingeben zu müssen, um Christus nachzufolgen. Zumindest hören und sehen wir das oft so in unseren Kirchen. Wir interpretieren die Bibel anhand unserer Umstände, Erfahrungen und Kultur, was sehr problematisch sein kann. Das kann unter Umständen dazu führen, dass Blinde Blinde führen. Darum ist es so wichtig, dass wir die Bibel unsere Vorstellungen verändern lassen und nicht umgekehrt.

In dem Buch „Christ, Jünger oder Sklave“ mache ich ein Gedankenexperiment und stelle anschließend die Frage: Wenn es um dich ginge, wie würdest du dann wohl leben? Denkst du, du würdest so leben wie die meisten Christen heutzutage?

Im vorliegenden Buch möchte ich mit einem ähnlichen Gedankenexperiment starten. Ich habe die Frage etwas verändert und werde später noch einige weitere stellen.

Versuche dir einmal vorzustellen, es gäbe auf der ganzen Welt keinen einzigen Christen, keine Kirchen und auch keine christlichen Bücher, Fernsehsendungen oder Zeitschriften. Es gäbe nichts, was irgendetwas mit dem Christentum zu tun hat, außer einer einzigen Bibel. Eines Tages findet jemand diese Bibel. Dieser Mensch hat noch nie eine Bibel gesehen. Er hat auch noch nie etwas über die Bibel, Jesus oder das Christentum gehört. Dann fängt er an, das Buch zu lesen.

Er beginnt im Alten Testament zu lesen, wie alles begann und wie Israel entstand. Er bekommt mit, wie Gott mit seinem Volk unterwegs ist und er erhält ein klares Bild davon, dass Gott heilig und gerecht ist. Er liest über einen Gott, der zornig werden kann, der aber auch gnädig und geduldig ist, über einen Gott, der eine große Liebe zu seinem Volk hat und der uns eines Tages einen Retter schicken wird, was der rote Faden im gesamten Alten Testament ist. Wenn dieser Mensch das Ende des Alten Testaments erreicht, hat er bereits einen Eindruck davon bekommen, wie Gott ist und wie er wirkt.

Er liest weiter im Neuen Testament, wo er nun dem von Gott versprochen Retter begegnet. Er beginnt mit den vier Evangelien, die beschreiben, wie Jesus Christus umherzog und das Evangelium verkündete und Kranke heilte. Seite für Seite liest er, wie Jesus predigte, dass Menschen umkehren und an das Evangelium glauben sollen, und dass alle, die das Königreich Gottes erben wollen, ihr Kreuz auf sich nehmen und ihm nachfolgen sollen, und die anderen radikalen Dinge, die Jesus noch gesagt und getan hat. Die Evangelien beschreiben, wie Jesus seine Jünger berufen und sie dann ausgesandt hat, um das Evangelium zu verkündigen und Kranke zu heilen. Er erfährt, dass Jesus von den einen geliebt und von den anderen gehasst wurde und auch, dass Jesus sich am Kreuz für uns alle hingegeben hat und durch Tod und Auferstehung den Tod besiegt hat. Das alles zusammen gibt ihm eine gute Vorstellung davon, wer Jesus war und was er verkündete.

Er liest weiter in der Apostelgeschichte, dass Jesus nach seiner Auferstehung sagte, die, welche an ihn glaubten, würden Kraft von oben erhalten, wenn der Heilige Geist auf sie käme. Danach erfährt er, wie es tatsächlich geschah.

Während er die Apostelgeschichte liest, versteht er mit der Zeit, wie die ersten Christen gelebt haben. Es war ein Leben mit viel

Widerstand und Verfolgung, und es kostete sie alles, Jesus nachzufolgen. Es war ein übernatürliches Leben in der Gemeinschaft mit Gott und den anderen Nachfolgern.

Nach der Apostelgeschichte kommt er zum Römerbrief. Dort liest er in den ersten vier Kapiteln, dass wir alle gesündigt haben und fern von Gott sind. Im fünften Kapitel wird dann Jesus als der „neue Adam" beschrieben, der uns vergibt und uns mit Gott versöhnt. Kapitel sechs bis acht berichten, dass in Christus Freiheit von Sünde ist und dass man in diese Freiheit hineinkommt, wenn man getauft wird und nicht mehr dem Fleisch, sondern dem Geist gehorcht.

Jetzt kommt er zu den Kapiteln neun und zehn, die erklären, dass wir gerettet werden können, indem wir Jesus zu unserem Herrn machen. Als er das liest, beugt er seine Knie und bittet Jesus, ihn zu retten und sein Herr zu werden. Augenblicklich erlebt er die neue Geburt, über die die Bibel spricht, die Errettung in Christus. Bald darauf wird er im Heiligen Geist getauft, worüber wir in der Apostelgeschichte immer wieder lesen. Wie er nun so auf den Knien ist, wiedergeboren, kann er den Unterschied in sich spüren. Er weiß, dass ihm vergeben worden ist und dass das, was in der Bibel geschrieben steht, wahr ist, weil er es ja selbst gerade erlebt hat, und hat nun dieses innere Zeugnis. Er steht auf und ist entschlossen, Jesus ganz nachzufolgen. Als Erstes tauft er sich selbst mit Wasser, da es ja sonst niemanden gibt, der es tun könnte. Von diesem Moment an lebt er als Jünger, gegründet auf das, was er in der Bibel liest. Er erlebt nun auch, dass andere umkehren und anfangen, Jesus nachzufolgen. Nach einiger Zeit gründen er und andere Gläubige ringsherum viele Gemeinden.

Meine Frage ist nun: Was denkst du, wie ihre Gemeinden aussehen würden? Würden sie wie die Landeskirche aussehen oder eher wie eine evangelische Freikirche oder vielleicht nochmals komplett anders? Würde ihre Gemeinschaft ein schönes Kirchengebäude haben, mit einer erhöhten Kanzel und Stühlen, die in geraden Reihen angeordnet sind? Oder würden sie kein Gebäude, keine Kanzel und keine Stuhlreihen oder Bänke haben? Denkst du, dass sie jeden Sonntagmorgen einen Gottesdienst und eine Sonntagsschule haben würden? Würden sie einem festen Programm mit diesen Inhalten folgen: Begrüßung, ein paar Lieder, Bekanntmachungen, Kollekte, weitere Lieder, eine Predigt und dann noch das Abendmahl? Oder hätten sie vielleicht gar kein Programm und würden sie den Heiligen Geist bitten, sie zu leiten?

In Wahrheit würde ihre Kirche ganz anders sein, als sie es heute ist. Das Problem besteht darin, dass vieles, was wir heutzutage praktizieren, nicht auf der Bibel basiert, sondern auf „christlichen Traditionen", heidnischen Bräuchen und landestypischer Kultur. Ich habe „christliche Traditionen" in Anführungszeichen geschrieben, weil viele heutige „christliche" Traditionen dem Judentum und Alten Testament entstammen.

Wenn wir über Kultur sprechen, müssen wir zwischen den verschiedenen Aspekten dieser Kultur unterscheiden, auch wenn das herausfordernd sein mag. Es gibt nämlich so etwas wie eine „Kirchenkultur". Und es gibt Kulturen, die spezifisch für ein Land oder eine ethnische Gruppe sind. Wir können also nicht mit Sicherheit sagen, wie die Gläubigen in meiner erfundenen Geschichte eine Gemeinde gestalten würden. Es käme auf ihren nationalen kulturellen Hintergrund an. Wenn in ihrer Kultur zum Beispiel starke familiäre Bindungen üblich sind, sodass sie mit mehreren Generationen zusammenleben, würde dies ihre Gemeinde stärker beeinflussen, als wenn sie aus einer Kultur wie der dänischen kämen, wo der Fokus nicht so stark auf der Familie oder dem Familienleben liegt.

Dennoch erzählt uns die Geschichte eine wichtige Sache über sie: Sie haben zuvor noch keine kirchliche Kultur erlebt und würden darum nach einem Modell in der Bibel suchen. Das ist der Unterschied zu unserer Zeit, wo vieles von dem, was wir tun, hauptsächlich auf Traditionen und Kirchenkultur aufbaut. Darum weiß ich, dass ihre Gemeinden ganz anders wären als die in unserer westlichen Welt. Vieles was wir heute in den Kirchen tun, können wir nicht mit Beispielen aus der Bibel begründen, da es alleine auf Kirchenkultur und Traditionen basiert.

Es ist wichtig, dass wir zwischen unserer Landeskultur und der Kirchenkultur unterscheiden. Die nationale Kultur bestimmt, unabhängig davon, ob jemand gläubig ist oder nicht, wer wir als Volk sind. Darum gibt es – außer wenn es unbiblisch ist – keinen Grund, die Landeskultur zu verändern. Sie ist für uns sogar eher eine Kraft, die uns in wirkungsvoller Weise Beziehungen zu den Ungläubigen in unseren Ländern ermöglicht. Kirchenkultur dagegen ist etwas ganz anderes.

Vieles, worauf Kirchen heutzutage aufgebaut sind, basiert weder auf der nationalen Kultur noch auf biblischer Lehre. Vieles beruht auf dem Heidentum sowie einer Kirchenkultur, die auf das vierte Jahrhundert zurückgeht und sich schon damals deutlich von dem unterschied, was Jesus selbst vertrat und was die frühe Gemeinde für wenige hundert Jahre lebte.

Es ist nicht nötig, dass wir anderen Menschen unsere Kirchenkultur überstülpen, um sie zu „richtigen Christen" zu machen. Wenn wir dagegen unsere heutige Kirchenkultur entfernen, werden wir erleben, dass Menschen für Gott offener sind. Die meisten Menschen geben an, dass sie bereit sind, Jesus zu akzeptieren, lehnen aber die Kirche, wie man sie an vielen Orten findet, ab. Wir sollten deshalb versuchen, unsere Kirchenkulturen und heidnischen Traditionen hinter uns zu lassen und uns anschauen, was die Bibel zu sagen hat.

KAPITEL 2

Ihr werdet Jünger machen

Wir beginnen, indem wir uns anschauen, was denn überhaupt der Zweck der Kirche bzw. Gemeinde ist. Wenn ich mir die Kirchen im Westen anschaue, dann sehe ich, dass sie eine Erneuerung brauchen.

Ich möchte dir nun ein paar Fragen stellen: *Wozu existiert die Kirche? Existiert sie, um viele Mitglieder zu haben?* Ja natürlich wollen wir, dass möglichst viele Leute zur Gemeinde gehören, aber war dies auch der Schwerpunkt Jesu oder hat er etwas anderes betont? Wir sehen wiederholt, dass ihm große Menschengruppen nie wichtig waren. Nach seinem dreijährigen Dienst hinterließ er keine zahlenmäßig große Kirche auf der Erde, auch wenn er das sicherlich ohne Probleme hätte haben können. Es ging ihm aber nicht um Quantität, sondern er suchte Menschen, die willig waren, ihm zu folgen, und mit denen er sein Königreich bauen konnte.

Ist das Ziel der Kirche, ein schönes Gebäude und ein Café, Jugendtreffen, Sonntagsschule usw. zu haben? Nein, die ersten Christen hatten keine Kirchengebäude, Jugendtreffen, Sonntagsschulen, oder was auch immer wir mit einer guten Kirche der heutigen Zeit verbinden. Jesus hat über nichts von alledem geredet.

Wenn die Kirche nicht dazu da ist, viele Menschen in einem ansehnlichen Gebäude zu versammeln, wozu dann? Sie ist allein dazu da, um zu tun, was Jesus uns geboten hat, nämlich hinzugehen und Menschen zu seinen Jüngern zu machen.

> *Und Jesus trat herzu, redete mit ihnen und sprach: „Mir ist gegeben alle Macht im Himmel und auf Erden. So geht nun hin und macht zu Jüngern alle Völker, und tauft sie auf den Namen des Vaters und des*

Sohnes und des Heiligen Geistes und lehrt sie alles halten, was ich euch befohlen habe. Und siehe, ich bin bei euch alle Tage bis an das Ende der Weltzeit! Amen.“ (Mt 28,18-20*)*.

Jesus hat nirgendwo seinen Jüngern gesagt, sie sollten hingehen und viele Kirchen bauen. Nein, er sagte, sie sollten hingehen und Jünger machen. Mit ihnen wollte er seine Gemeinde bauen. Das bedeutet, dass ein schönes großes Gebäude mit vielen Leuten nicht unbedingt die Erfüllung dieses Auftrags ist, außer diese Leute werden zu Jüngern und Nachfolgern von Jesus im alltäglichen Leben gemacht. (Mehr dazu in meinem Buch „Christ, Jünger oder Sklave?“.)

Bei der Frage, ob eine Kirche gesund ist oder nicht, sollte nicht die Anzahl der Leute, der Gebäude oder die Höhe der Finanzen entscheidend sein. Nichts davon hat eine Bedeutung, solange die Kirche nicht tut, was Jesus befohlen hat, nämlich Jünger zu machen. Jesus hat uns nicht dazu berufen, Kirchen zu gründen, sondern Jünger zu machen. Eine Gemeinde bzw. Kirche ist nicht das Ziel, sondern Mittel zu dem Zweck, Jünger zu machen.

Wenn wir eine Kirche haben, die darin versagt hat, diesem Auftrag zu erfüllen, warum machen wir dann Jahr für Jahr in gleicher Weise immer weiter? Denke doch nur an all die Ressourcen, Finanzen, Zeit und den Aufwand, welche gebraucht werden, um so eine „Maschine“ am Laufen zu halten, die am Ende trotzdem nicht die Resultate bringt, die Gott haben will.

Warum laden wir immer wieder nationale und internationale Redner aus großen Kirchen ein, um bei uns zu predigen, obwohl wir gar nicht wissen, wie die Leute in deren Kirchen leben? Menschen zu versammeln ist nicht schwierig, wenn du ihnen gibst, was sie wollen, aber Jünger und Nachfolger Jesu zu machen, ist etwas vollkommen anderes.

Vor nicht allzu langer Zeit organisierte eine der größeren Kirchen in Dänemark eine Konferenz zum Thema „Wie macht man aus Suchenden Jünger?” Sie wollten über die große Herausforderung sprechen, wie man aus den Mitgliedern der Kirchen Jünger macht. Aber warum schauen alle auf diese Kirche und wollen sie kopieren, wenn doch alles, was sie dort erreicht haben, nur eine Ansammlung von Suchenden ist, die in ihre Kirche kommen?

Wenn Jesus heute wiederkäme, würde er dann alle Suchenden oder nur seine Jünger mit sich nach Hause nehmen? Viele der heutigen Kirchen, die wir als groß ansehen, sind in Gottes Augen sehr klein. Sobald tatsächlich Verfolgung beginnt und alle Dinge offenbar werden, wird alles auf den Kopf gestellt werden. Die großen Kirchen werden dann plötzlich klein werden, wenn die Menschen feststellen, dass die Jesusnachfolge einen hohen Preis hat, einen Preis, den die meisten von ihnen nie zu zahlen bereit waren. Das ist genau der Grund, warum sie in diese Kirchen gehen und nicht dahin, wo radikale Umkehr und Selbstverleugnung gepredigt werden. Es ist wirklich wichtig, dass wir uns darauf konzentrieren, Jünger zu machen. Wir leben in einer Zeit, wo der Großteil der Christenheit sich immer mehr von dem wegbewegt, was das Wort Gottes sagt. Heutzutage schauen viele auf das, was gerade hier und jetzt zu funktionieren scheint. Aber wir sollen nicht etwas bauen, das nur hier und jetzt funktioniert. Wir müssen etwas bauen, das ewig hält!

Wir können den Zustand einer Kirche nicht anhand ihrer Finanzen, Anzahl der Mitglieder, Gebäude oder Aktivitäten beurteilen. Die einzige Möglichkeit, eine Kirche beurteilen zu können, besteht darin, zu prüfen, ob die Leute in dieser Kirche zu wahrhaftigen Jüngern und Nachfolgern Jesu werden. Verleugnen sie sich selbst, nehmen sie das Kreuz auf sich und folgen sie Jesus nach? Befolgen sie die Anweisungen, die Jesus gegeben hat? Lieben sie Gott von ganzem Herzen und ihre Mitmenschen wie sich selbst?

Als Jünger Jesu zu leben, beschränkt sich nicht auf ein paar Stunden am Sonntagmorgen, während du den Rest der Woche für dich selber lebst. Wie du den Freitagabend verbringst, zeigt meiner Meinung nach viel mehr über dein Leben mit Gott, als was du am Sonntagmorgen tust. Und was samstagabends aus deinem Mund kommt, sagt mehr darüber aus, was in dir steckt, als das, was du am Sonntagmorgen sagst.

Wenn wir uns nicht länger selber täuschen wollen, dann müssen wir es wagen, innezuhalten und uns den Zustand unserer Kirche(n) genau anzuschauen, auch wenn etwas ganz anderes dabei herauskommt, als wir erwarten. Wenn du herausfinden möchtest, ob deine Gemeinde gesund ist, dann schau dir einmal an, was die jungen Leute am Freitagabend machen. Oder beobachte, über was sich die Gemeindemitglieder unterhalten bzw. wie sie sich samstagabends amüsieren. Das wird dir eine bessere Vorstellung davon geben, wie es mit dir weitergehen wird, wenn du weiterhin auf demselben Weg wie die anderen gehst. Wir werden wie die Menschen, mit denen wir Zeit verbringen.

Anstatt die Frage zu stellen: „Wie viele Gemeindemitglieder habt ihr?“, sollten wir eher fragen: „Was tun die jungen Leute eurer Gemeinde freitagabends?“; „Über was reden die älteren Mitglieder, wenn sie mit ihren Freunden aus der Gemeinde zusammen sind?“; „Wie gehorcht ihr Gottes Befehl, das Evangelium zu verbreiten?“. Die Antworten darauf werden dir ein besseres Bild davon geben, wie gesund diese Kirche ist. Die Anzahl der Mitglieder, Gebäude oder Programme, die Finanzlage usw. sind für sich keine Ziele, können aber das eigentliche Ziel torpedieren.

Die Bestimmung der Kirche ist, Jesu Auftrag zu erfüllen, aus Menschen Jünger zu machen, indem wir sie taufen und sie lehren, alles zu halten, was er sagt. Deshalb sollten wir uns nicht durch diese anderen Dinge ablenken lassen.

Vielleicht fragst du dich: „Christ zu werden ist ein Weg, der für manche lange dauert. Viele der heutigen Kirchenmitglieder werden nach einiger Zeit zu Jüngern werden, meinst du nicht?“

Das ist, was heutzutage viele empfinden, aber wir müssen uns daran erinnern, dass Menschen nicht gerettet sind, bevor sie nicht Christus als Erretter angenommen haben und wiedergeboren wurden. Man ist entweder ein Kind Gottes oder ein Kind des Teufels (vgl. 1 Joh 3,10), aus dem Fleisch oder aus dem Geist geboren (vgl. Joh 3,6), auf dem Weg zum Himmel oder auf dem Weg zur Hölle (vgl. Mt 25,46). Es gibt nichts dazwischen. Jemand kann ein Suchender und „auf dem Weg“ sein, aber wenn er noch nicht wiedergeboren ist, wird er nach dem Sterben verloren gehen, egal ob er in die Kirche geht, zu Gott betet oder die Bibel liest. Das bedeutet, dass alle Menschen in unseren Kirchen, die nur „auf dem Weg“ sind, verloren gehen, falls sie sterben, bevor sie gerettet sind. Würden wir das wirklich verstehen, würden wir viel klarer und konsequenter predigen und viele Menschen würden hier und jetzt umkehren.

Wenn du dich mit der Kirchengeschichte und mit Erweckungen befasst, wirst du herausfinden, dass es ein neues Phänomen ist, zu akzeptieren, dass eine Bekehrung lange dauert. Wir können das nicht in der Bibel finden. Darum predige das Wort und erwarte, dass Menschen umkehren, und es wird geschehen! Wenn du ein anderes Evangelium predigst, das Suchenden gefällt, dann wirst du Suchende bekommen, die nie wirklich umkehren und gerettet werden. Natürlich gibt es Einzelne, die nach einer gewissen Zeit umkehren werden, aber ich garantiere dir, dass wir auf diese Weise mehr Leute verlieren werden, die durch die Hintertür weglaufen. Außerdem werden wir auf diese Weise niemals die gleichen radikalen Bekehrungen erleben, wie dort, wo Menschen gewillt sind, Gott alles hinzugeben.

Lass uns niemals eine andere Bestimmung akzeptieren als die, die Jesus uns gegeben hat. Er hat uns nicht befohlen, Suchende oder Kirchgänger hervorzubringen. Er hat klar und deutlich gesagt, dass es darum geht, Jünger zu machen – seine Nachfolger –, die dem gehorchen, was er uns geboten hat. Wenn jemand verstanden hat, wer Jesus ist, dann ist er auch bereit, ihm zu gehorchen. Er ist das Leben und der Grund, warum wir hier sind.

Kapitel 3

Kirchenkultur

Woran denkst du, wenn du das Wort „Kirche“ hörst? Wenn du einen lutherischen oder katholischen Hintergrund hast, denkst du vermutlich an ein Kirchengebäude mit einem hohen Turm, einem Altar und Bankreihen, wo Leute sitzen können, wenn der Pfarrer bzw. Priester predigt. Hast du einen evangelikalen Hintergrund, denkst du vermutlich eher an ein moderneres Gebäude mit einem großen Podium und zeitgemäßen Musikinstrumenten. Anstelle von Bänken stehen da Stühle, die leicht herumgeschoben werden können, wenn sie auch meistens in geraden Linien stehen.

Auch wenn Menschen mit „Kirche“ etwas leicht Unterschiedliches verbinden können, gibt es trotzdem viel Gemeinsames. Der Großteil der Leute denkt an ein Gebäude, das zum Zweck der Verehrung Gottes gebaut wurde. In diesem Gebäude gibt es ein Podium oder einen Altar, Bank- oder Stuhlreihen usw. Diese gehören zu den ersten Dingen, die einem in den Sinn kommen. Eine Kirche ist ein Ort, wo man in den Gottesdienst geht, sich eine Predigt anhört und andere kirchenbezogene Dinge tut.

Was kommt dir in den Sinn, wenn du an „Gottesdienst“ denkst? Auch damit kann man Unterschiedliches verbinden. Meist versteht man darunter jedoch etwas, das innerhalb eines Gebäudes stattfindet. Es gibt Lieder, eine Kollekte, eine Predigt und das Abendmahl. In Wahrheit entstammen die Dinge, die uns in den Sinn kommen, jedoch nicht unbedingt der Bibel, wie z. B. Kirchengebäude, Podium bzw. Altar, Bank- bzw. Stuhlreihen usw. Nichts davon war bei den ersten Christen üblich. Diese Dinge kamen erst ein paar Jahrhunderte nach

Jesu Leben hier auf der Erde und nachdem die Kirche bereits existierte auf.

Auch die Vorstellung eines Sonntagsgottesdienstes mit Liedern, Kollekte, Predigt und Abendmahl findet sich nicht in der Bibel. Die ersten Christen haben nichts von diesen Dingen verwendet, die wir heute als notwendig ansehen, um eine „richtige" Kirche zu sein oder um „richtig" anzubeten. Sie hatten damals keine speziellen Gebäude, die nur für Gottesdienste oder andere Kirchentraditionen gebaut wurden. Sie hatten auch keinen Altar bzw. kein Podium, wo eine spezielle Person stehen konnte, um das Wort Gottes zu einer großen Menge von Leuten zu predigen, die dasaßen und zuhörten. In Wirklichkeit haben sie sich auch nicht sonntagmorgens zu einem Gottesdienst getroffen und auch nicht die Kommunion bzw. das Abendmahl so praktiziert, wie wir das heute tun. All diese Dinge, welche heute so notwendig erscheinen, können nicht in der Bibel oder in einer Beschreibung des Lebens der ersten Christen gefunden werden. Vielleicht ist das genau der Grund, warum sie so erfolgreich waren. Tatsächlich können alle die oben erwähnten Dinge Fortschritt und Wachstum hindern.

Wenn heute der Pastor, Pfarrer oder Priester am Sonntagmorgen die Bibel in die Hand nimmt und sagt: „Unsere Kirchen basieren auf der Bibel und auf nichts anderem als der Bibel", dann ist das ganz einfach nicht die volle Wahrheit, weil so vieles, was in der Kirche geschieht, nicht auf der Bibel, sondern auf Kirchenkultur und Götzendienst beruht.

Wenn wir an die Christen in der Geschichte am Anfang dieses Buches zurückdenken, hatten sie nichts von diesen Dingen, die wir heute mit Kirche in Zusammenhang bringen. Sie waren nicht von Kirchenkultur beeinflusst, sondern nur von dem, was in der Bibel steht.

Man könnte sich nun fragen, ob es denn wichtig ist, wie unsere Zusammenkünfte aussehen. Irgendwie müssen wir ja unsere Treffen durchführen, warum sollten wir dann nicht einfach so weitermachen wie bisher?

Die Antwort ist einfach. Falls das, was du tust, nicht direkt unbiblisch ist und der Erfüllung von Jesu Auftrag, Jünger zu machen, nicht im Weg steht, dann kannst du natürlich so weitermachen wie bisher.

Die unbequeme Wahrheit jedoch ist, dass vieles von dem, was getan wird, unbiblisch ist, und genau das hält uns davon ab, auf die Art und Weise Jünger zu machen, wie Jesus es uns befohlen hat.

Wie ich schon erwähnt habe, haben Menschen unterschiedliche Vorstellungen von „Kirche", doch eines ist sicher: Fast alle denken an ein Gebäude, an einen Ort, der für die Anbetung usw. bestimmt wurde. Doch dieses Konzept eines speziellen Kirchengebäudes für diesen Zweck finden wir in der Bibel nicht. Zudem hatten die ersten Christen kein solches Gebäude.

Wir müssen in der Kirchengeschichte 300 Jahre weitergehen, bevor wir die ersten „Kirchengebäude" finden, so wie wir sie heute kennen. Diese tauchten unter der Herrschaft von Kaiser Konstantin auf. Vieles von dem, was wir heute tun, hat seinen Ursprung in dieser Zeit.

Konstantin der Große war von 306 bis 337 n. Chr. Herrscher des Römischen Reiches. Er spielte eine ausschlaggebende Rolle bei der Verbreitung des Christentums, was jedoch seinen Preis hatte. Der Preis war die Verwerfung des Christentums, so wie es die ersten 300 Jahre gelebt worden war. Konstantin verwandelte das Christentum von einer verfolgten Minderheit zu einer autorisierten Staatsreligion. Der christliche Glaube aber kann Menschen nicht aufgezwungen werden. Man muss aus dem Herzen wiedergeboren werden, aus freiem Willen, sonst wirst du Gottes Königreich nicht sehen. Menschen zu zwingen, Christen zu werden, kann zu nichts Gutem führen.

Konstantin führte viele Veränderungen ein. Eine davon war das Konzept des Kirchengebäudes. Bis zu dieser Zeit trafen sich Christen in ihren Häusern und „brachen das Brot" auch dort. Kirchengebäude haben ihren Ursprung weder im Neuen noch im Alten Testament, sondern sind die Folge von Götzendienst und Heidentum, welche einen großen Teil des Lebens von Konstantin ausmachten. Es gab eine Zeit, in der er unter anderem *Sol Invictus,* den Sonnengott, angebetet hat, und er wollte diese Anbetung in das Christentum hineinbringen, wodurch es zu einer vermischten Religion wurde. Der Heilige Tag (der jüdische Sabbat) wurde vom Samstag auf den Sonntag verlegt, welcher ja ursprünglich der Tag der Sonne war. Er baute Tempel auf Friedhöfen und benannte sie nach den Namen der Toten, damit man sie anbeten konnte. Die Kirchengebäude wurden nach Osten hin ausgerichtet, sodass die Sonnenstrahlen (des Sol Invictus) auf die Gesichter der von ihm selbst eingesetzten Priester fallen konnten, während sie Gottesdienste abhielten. Hier einige Praktiken, die auf das Heidentum zurückgehen:

- Warum betrachten wir den Sonntag als einen heiligen Feiertag? Wegen des Sonnengottes.
- Warum gibt es so oft Friedhöfe um lutherische und katholische Kirchen herum, wenn wir doch in der Bibel lesen, dass die Toten außerhalb der Stadtmauern begraben wurden? Wegen des alten Brauchs der Totenanbetung.
- Warum werden lutherische und katholische Kirchen nach Osten ausgerichtet? Wegen des Sonnengottes.
- Warum sind viele lutherische und katholische Kirchen nach verstorbenen Heiligen benannt? Wegen heidnischer Sitten und der Totenanbetung.

Tatsächlich verbinden wir mit dem Christentum heute viele Dinge, die auf den Eroberer Konstantin und andere zurückgehen, die in den Jahrhunderten nach den ersten Christen gelebt haben. Diese Kirchenkultur ist so tief in uns verwurzelt, dass wir die Bibel oft falsch interpretieren, weil wir das falsche Paradigma (Bezugsrahmen) haben.

Wenn ich das Wort „Gottesdienst“ ausspreche, dann interpretiert unser Paradigma, was das Wort bedeutet. Dasselbe gilt für die Begriffe „Kirche“, „Jünger“ usw. Ich hoffe, dass dieses Buch dem Leser helfen wird, über diese Kirchenkultur hinauszuschauen. Wenn wir die Kirchenkultur hinter uns lassen können, dann beginnen wir zu verstehen, was die Bibel wirklich darüber sagt, wie Kirche gemeint ist und wie sie heute sein sollte. Wenn wir zu dem zurückkommen, was Gott ursprünglich gewollt hat, werden wir erleben, dass er täglich Menschen zu denen hinzufügt, die gerettet werden.

Kapitel 4

Unser Ausflug ins Grüne

Bevor wir uns die Themen Kirche und Gottesdienst näher anschauen, möchte ich dich auf einen kleinen Ausflug mitnehmen. Was ich in diesem Buch vorstelle, ist übrigens etwas, das meine Frau und ich bis vor wenigen Jahren selbst nicht erkennen konnten. Aber Gott hat uns einen Weg geführt, auf dem unsere falschen Vorstellungen beseitigt wurden. Wir gehen nun nicht mehr zur Kirche, sondern wir sind Kirche. Was Gott während der letzten Jahre in uns getan hat, tut er heute mit mehr und mehr Leuten um uns herum.

Wir erleben, dass Jesus dabei ist, seine Gemeinde zu bauen, eine Gemeinde, die nicht aus toten Steinen, Programmen, Strukturen, Mitgliedschaften, Kirchengebäuden und so weiter gebaut wird, sondern aus lebendigen Steinen, geleitet durch den Heiligen Geist, mit Jesus selbst als Eckstein (vgl. Eph 2,20).

Es war eine langer Weg für uns, und wir haben dabei viel gelernt. Es war auch viel schwieriger, unsere falschen Vorstellungen loszuwerden, als ich mir vorgestellt hatte. Genauer gesagt, dauerte es bis zur Abfassung dieses Buches zwölf Jahre, inklusive dem Gründen von drei Gemeinden, vielen Erfahrungen, Enttäuschungen, Widerstand, Fehler sowie viele Stunden des Studiums der Bibel und der Kirchengeschichte, bevor wir sagen konnten, dass wir uns frei fühlen die Kirche bzw. Gemeinde zu sein, zu der Gott uns geschaffen hat.

Mit anderen Worten, es hat zwölf Jahre und die Gründung von drei Gemeinden gebraucht, um aus der Kirchenkultur herauszukommen, der ich am Anfang angehörte. Heute gehe ich nicht länger in eine Institution oder ein Gebäude, das wir „Kirche“ nennen. Ich bin frei geworden von Angst und anderen Dingen, die in mich eingepflanzt wurden, um mich zu kontrollieren. Darauf werde ich später noch zurückkommen. Ich bin der Leib Christi hier auf Erden, und ich liebe diese Freiheit, die mir das bringt. Das Leben ist so viel spannender geworden, und ich will, dass viele Leute das auch erleben können. Ich kann auch sehen, dass die Menschen um uns herum heute viel schneller wachsen, als sie das in der „Kirche" im „alten" Sinn taten. Ich bin davon überzeugt, dass unsere Umstände und die Strukturen, zu denen wir gehören, einen großen Einfluss auf unser persönliches Wachstum haben.

Wenn ich das so erzähle, hoffe ich, dass es dir hilft und dich ermutigt. Und dass es dir eine Vorstellung davon gibt, wie alles zusammenhängt, wenn wir es aus unserem evangelikalen Blickwinkel betrachten. Da ich die Privatsphäre von einzelnen Personen schützen möchte, kann ich nicht zu sehr ins Detail gehen. Ich will aber verschiedene wichtige Ereignisse schildern, die uns beeinflusst und uns dorthin gebracht haben, wo wir heute sind. Ich möchte außerdem das kommentieren, was geschehen ist und warum es passierte. Es war eine lange Reise, auf der wir immer wieder das Gefühl hatten, gegen eine Mauer anzurennen, bis wir endlich erkannten, dass wir weiter gehen können.

Es ist noch nicht lange her, dass ich ein prophetisches Wort erhalten habe, das alles recht gut beschreibt. „Torben, ich sehe, wie du mit Blut und Blasen an den Händen dastehst, weil du ein Loch in einen großen Berg gräbst. Lene kommt und hilft dir, und die Kinder bringen euch beiden Wasser. Auf der anderen Seite des Berges ist ein großes Tal mit grünen und fruchtbaren Feldern. Ich sehe, dass du einen Weg bereitest, auf dem viele andere durch den Berg hindurch und in das Tal mit den grünen und fruchtbaren Feldern gehen können."

Ich hoffe, du möchtest zu den grünen, fruchtbaren Feldern gehen, die auf der anderen Seite des Berges warten. Es kann eine lange Reise sein. Es kommt darauf an, wo du jetzt bist, aber sie ist es wert.

Mose hat nicht sehr lange gebraucht, um die Israeliten aus Ägypten herauszuführen, wo sie Sklaven waren (vgl. 2. Mose), aber es brauchte viele Jahre, „um Ägypten aus ihnen herauszubringen". Dasselbe gilt auch heute noch. Es ist nicht schwierig, aus einer Kirchenkultur hinauszugehen, aber es ist für den Einzelnen sehr schwierig, die Kirchenkultur aus sich herauszubekommen. Es ist fast wie eine Wiedergeburt, wenn es schlussendlich gelingt. Plötzlich siehst du alles mit neuen Augen und wunderst dich, dass du das vorher nicht sehen konntest und warum es andere nicht auch sehen können, wenn du ihnen erzählst, wie toll es ist.

Im April 1995 wurde ich wiedergeboren. Ich stamme aus einer nichtchristlichen Familie, welche keine speziellen kirchlichen Traditionen hatte. Hätte ich zum Beispiel eine lutherische Kirche besucht, hätte ich nicht gewusst, wann ich während des Gottesdienstes aufstehen oder mich hinsetzen hätte müssen. Bis zu dem Abend, wo ich gerettet wurde, hatte ich auch noch nie einen Fuß in eine evangelikale Kirche gesetzt. Es brauchte aber nicht lange, bis ich mich der Kultur anpasste, in der ich mich nun wiederfand. Die evangelikal geprägte Gemeinde, in der ich zum Glauben kam, war eine Gemeinschaft echten Glaubens, in der „Gottesmänner“ sehr betont wurden. Sie dachten, diese „Gottesmänner“ hätten eine spezielle Verbindung mit Gott und man müsse sie deshalb fast so sehr respektieren und ehren, als seien sie selbst Gott. Ich erinnere mich an ein besonderes Erlebnis, ein paar Monate, nachdem ich gerettet wurde, das deutlich macht, wie schnell jemand durch eine spezielle Kultur beeinflusst werden kann. Heute klingt es wie ein Witz, aber damals war es für mich sehr beängstigend.

Eines Tages war ich in der Kirche auf der Toilette und wusch mir die Hände. Zu meinem großen Schrecken ging plötzlich die Tür hinter mir auf und der „Mann Gottes“, der an diesem Abend predigen sollte, trat heraus. Als ich ihn sah, dachte ich: „Was? Benutzt er die Toilette genauso wie alle anderen auch?“ Ja, so dachte ich damals. Während der kurzen Zeit, in der ich diese Gemeinde besucht hatte, hatte ich mir die Vorstellung angeeignet, dass diese Gottesmänner sich auf einem völlig anderen Level bewegen als wir einfachen Christen. Ich weiß nicht, ob andere in dieser Gemeinde genauso dachten wie ich, aber ich war neu im Glauben und wusste noch nicht viel darüber, wie das Reich Gottes funktioniert. Ich dachte, diese Gottesmänner seien völlig anders und lebten nicht so wie wir Normalsterblichen. Dieses Erlebnis erschreckt mich heute noch und es zeigt auf, wie schnell man aufgrund einer speziellen Kirchenkultur anfangen kann, auf eine gewisse Art zu denken.

Seit ich Christ geworden war, hatte ich den Wunsch, Gott zu dienen. Es dauerte nicht lange, bis ich Platzanweiser in der Kirche wurde. In dieser evangelikalen Kirche war das einer der wenigen Bereiche, wo ich Gott während des Gottesdienstes dienen konnte. Ich kann nicht singen, darum konnte ich nicht im Chor mitsingen. Ich half, den Gottesdienst vorzubereiten, indem ich Wasser für die großen Prediger bereitstellte und an der Tür die Menschen willkommen hieß. Ich kaufte mir bald einen Anzug, weil ich mich anpassen musste. Ich war sehr glücklich, auf diese Art zu dienen, aber ich wusste auch, dass ich dazu berufen war, mehr zu tun. Ich war berufen, andere das Wort Gottes zu lehren, aber ich hatte keine Ahnung davon, wie ich dieses Ziel erreichen konnte.

Eines Tages fragte ich meinen Jugendleiter, was ich tun müsse, um von der Kanzel aus predigen zu können. Seine Antwort wirkte sich auf meine ganze Zukunft aus. Er sagte Folgendes: „Torben, du kannst dem Sonntagsschullehrer assistieren, nach ein paar Jahren kannst du Assistent in der Teenagerarbeit werden und nach weiteren Jahren kannst du ein Jugendleiter werden. Als Jugendleiter wird es dir erlaubt sein, an einem Sonntag im Jahr zu predigen.“ Ich kann mich noch gut erinnern, wie ich dastand, mit meinen Fingern die Jahre zählte und so auf fünf Jahre kam. Das hieß, wenn ich nach diesem System alles richtig machte, würde ich in fünf Jahren die Erlaubnis haben, einmal im Jahr zu predigen.

Das machte mich nachdenklich. Ich fing an, andere in der Gemeinde zu beobachten, die schon viele Jahre dort waren, aber keinen Fortschritt gemacht hatten. All das führte dazu, dass ich mit Lene darüber sprach, ob wir diese Gemeinde verlassen müssten. Wären wir geblieben, dann wären wir wie die anderen geworden, die schon viele Jahre dort waren, ohne irgendwie vorwärtszukommen. Ich hätte nie mit Predigen angefangen. Es war keine schlechte Gemeinde, eigentlich war sie in vielerlei Hinsicht eine gute Gemeinde, aber sie litt an dem System, auf das die meisten unserer heutigen Kirchen gebaut wurden, einem System, in dem wenige Leute dienen und eine große Zahl Jahr für Jahr passiv dasitzt und zuhört.

In dieser Zeit hörten wir von einem frisch verheirateten Ehepaar, die in einer anderen Stadt eine Gemeinde gründen wollten. Wir besuchten sie, und das Ergebnis war, dass auch wir in diese Stadt zogen. Dort angekommen, schrieben wir als Erstes die Satzungen für diese neue Gemeinde und begannen mit dem ersten Gottesdienst. Wir waren alle begeistert, wie es wohl sein würde, und ich erinnere mich gut daran, wie ich mit dem Pastor zusammenstand und wir darüber sprachen, wie unser erster Gottesdienst aussehen sollte. Wir waren jung und brannten für den Herrn.

Endlich hatten wir die Gelegenheit genau das zu tun, was wir wollten, und wir wollten nicht andere kopieren. Nein, wir wollten, dass Gott sein Werk tat. Aber wie konnte dies geschehen? Wir einigten uns darauf, dass ich den Gottesdienst leiten und der Pastor predigen würde. Wir wollten auch eine Kollekte erheben, und diskutierten hin und her, weil wir nicht wollten, dass die Kollekte direkt auf die Predigt folgte. Wir entschieden, dass ich die Besucher willkommen heißen sollte, danach würden wir ein paar Lieder singen, dann die Kollekte einsammeln und noch ein paar Lieder singen, bevor er predigen würde. Ja, das war unser Plan und wir waren beide begeistert davon, zumindest so lange, bis ich mir das Programm noch mal anschaute und enttäuscht dachte: „Das ist überhaupt nicht anders, sondern genau so, wie die Treffen in der alten Kirche abliefen."

Ich war zutiefst enttäuscht, da ich es wirklich anders machen wollte. Heute lässt es mich an den Autor Wolfgang Simson denken, der einmal so etwas sagte, wie: „Der schwierigste Punkt beim Start einer neuen Gemeinde, wie Gott sie haben möchte, ist, dass wir unsere eigenen Vorstellungen davon, wie Gemeinde sein soll, loswerden. Das kann mehrere Jahre dauern."

Zu diesem Zeitpunkt waren unsere Vorstellungen von Gottesdienst und Gemeinde ein Hindernis dafür, das zu tun, was Gott wollte. Diese muss Gott zuerst beseitigen, bevor er mit uns weiterbauen kann. Das ist nicht immer so einfach, und diese falschen Vorstellungen sind ein großer Teil von uns und unseren kirchlichen Kulturen. Ich kenne viele, die versucht haben, eine neue Gemeinde zu gründen, mit dem tiefen Verlangen danach, etwas anderes zu tun und Jünger zu gewinnen, doch nach einer gewissen Zeit war wieder nur noch eine halb tote

Kirche übrig, wo sie Sonntag für Sonntag die Leute unterhielten, ohne dass es neue Jünger gegeben hätte. Warum? Weil ihre Kirchenkultur sie daran hindert, das zu tun, was Gott durch sie tun will. Sie beginnen aufrichtig und mit großen Träumen, und landen trotzdem dort, wo sie nicht hinwollten, wovon sie fortgerannt waren, um etwas Neues anzufangen. Die kirchliche Kultur loszuwerden, war für mich definitiv die schwierigste Aufgabe.

Die neue Gemeinde war kleiner als die erste. Deshalb hatte ich plötzlich auch die Gelegenheit, das Wort Gottes zu lehren. Irgendwann war ich an der Reihe zu predigen. Ich weiß noch, wie ich am Hafen saß und mir Gedanken darüber machte, über was ich sprechen sollte. Ich blätterte in der Bibel und dachte an all die Predigten, die ich in der alten Gemeinde gehört hatte, die man vielleicht weiterverwenden konnte. Zu dieser Zeit hatte ich noch nicht viel weiterzugeben. Ich erinnere mich immer noch an meine erste Predigt dort. Es war nichts Besonderes, aber das Wichtigste war, dass ich angefangen hatte und nicht noch fünf Jahre warten musste. Das war schon nach wenigen Wochen, und auch meine Frau Lene fand sich in der Rolle der Lobpreis-Leiterin wieder.

Der Grund, warum wir heute da sind, wo wir sind, ist der, dass wir die große Kirche von zuvor verlassen haben. Ich weiß jetzt, dass, wenn wir nicht gegangen wären, wir niemals unser Ziel erreicht hätten. Das klingt hart, aber ich bin von der Wahrheit, die dahintersteckt, überzeugt. Im Rückblick sehe ich, dass wir heute ein ganz anderes Leben führen als viele unserer alten Freunde. Viele von ihnen leben gar nicht mehr mit Gott. Leider muss ich daraus schließen, dass das System, aus dem wir kamen, es nicht geschafft hat, Jünger zu machen und den Menschen zu dienen, wie es hätte sein sollen. Stattdessen hat es langsam ihre Begeisterung und das Feuer für den Herrn ausgelöscht. Das gilt nicht nur für unsere alte Kirche, sondern ganz generell für viele Kirchen.

Es ist schade, dass ich die Kirche verlassen musste, um in meinem Leben mit Gott Fortschritte zu machen. Wie viele sitzen heutzutage in den Kirchen und sind fast immer nur Zuhörer, und wie wenige arbeiten wirklich für den Herrn und brennen nach Jahren noch für ihn! Schau dich um und werde dir bewusst, wie wenig geistliche Dienste entstanden sind, dadurch dass die Menschen das getan haben, was das jeweilige kirchliche Systems von ihnen erwartet hat. In der lutherischen Kirche ist es ähnlich, und es gibt noch viele andere Konfessionen, die Leute in ihrem Systems gefangen halten.

Kürzlich erhielt ich diese prophetischen Worte: „Ich sehe einen großen Topf mit großen Flammen darin. Ein Deckel wird auf den Topf aufgesetzt und das Feuer erstickt langsam. Ich kann sehen, dass Gott dir einen speziellen Auftrag und die Fähigkeit gegeben hat, diesen Deckel wieder zu entfernen, damit das Feuer wieder entfacht werden kann." Ich möchte wirklich, dass dies geschieht, sogar durch dieses Buch.

Für uns war es schwierig, Teil der oben erwähnten neuen Gemeinde zu sein, da wir jung waren und keine Erfahrung mit Leitung hatten. Dies brachte viele Herausforderungen mit sich, und nach einem Jahr zogen wir wieder weiter. Wenn ich auf unser Leben zurückschaue, kann ich sehen, dass das Verlassen der ersten Kirche der Anfang eines aufregenden Weges mit Gott war. Wenn ich ehrlich bin, weiß ich aber bis heute nicht, ob es Gottes Wille war, dass wir in jene Stadt zogen, um dem jungen Paar zu helfen, diese neue Kirche zu gründen. Ich weiß aber, dass es uns einen Schwung gab, den Gott später gebrauchen konnte, um uns dorthin zu bringen, wo er uns haben wollte. Ich wünschte, dass viele andere auch die Gelegenheit hätten, das zu tun, was wir getan haben, obwohl es schwierig war. Es ist die beste Bibelschule, die man bekommen kann, da wir nicht nur durch Hören, sondern auch durch das Tun lernen.

Kapitel 5

Ein neuer Ort und noch eine Gemeinde

Nach einem Jahr zogen wir in eine andere Stadt, um dort mit einem Freund zusammenzuarbeiten. Zu Beginn besuchten wir eine evangelikale Gemeinde, aber kurze Zeit später sagte mir mein Freund, Gott wolle, dass wir eine neue Gemeinde gründen. Wir wussten, dass wir mit ihm zusammenarbeiten sollten und waren einverstanden, in unserem Wohnzimmer damit zu beginnen. Er war der Pastor der Kirche, doch waren wir beide in der Leitung und ich arbeitete als Evangelist.

Wir erlebten, dass Menschen gerettet und verändert wurden, und die Gemeinde wuchs. Wie üblich waren die anderen Gemeinden in der Stadt nicht sehr begeistert über die neue „Konkurrenz". So ist es im Westen heutzutage leider. Kirchen und Gemeinden werden wie kleine Unternehmen geführt, die um Mitglieder und Finanzen kämpfen müssen, um zu überleben. Deshalb wird häufig vor neuen Gemeinden gewarnt, um dem „Verlust von Gemeindemitgliedern" vorzubeugen. Das ist auch ein wichtiger Grund, weshalb ich dieses Buch geschrieben habe.

Wir müssen den Ehrgeiz, unsere eigenen kleinen Unternehmen aufzubauen, hinter uns lassen. Wenn wir wirklich frei sind und für Gottes Reich arbeiten, dann sollten wir uns freuen, wenn sein Reich wächst, statt Angst vor einem Mitgliederverlust zu haben.

Unsere neue Gemeinde wuchs hauptsächlich durch neue Leute, nicht durch Leute aus anderen Kirchen. Mit der Zeit verbesserte sich die Zusammenarbeit und wir fingen an, uns mit anderen Leitern der

Stadt zu treffen, auch wenn uns die anderen Kirchen am Anfang nicht mochten.

Es war in unserem Wohnzimmer, wo wir ernstlich zu erleben begannen, dass der Heilige Geist uns gebrauchte. Ich erinnere mich an einen Abend, als eine Frau plötzlich auf den Boden fiel und sich ein Dämon in ihr manifestierte. Sie lag auf ihrem Rücken, krümmte sich seitwärts und eine tiefe männliche Stimme sprach auf Englisch aus ihr heraus. Mein erster Gedanke war: „Hilfe ein Dämon! Wir müssen einen Pastor finden!" Aber dann merkte ich: „Moment mal, da ist ja keiner außer mir, also muss ich ran!" Ich hatte keine andere Wahl, als zu beten und zu hoffen, dass Gott uns helfen würde. Und er half! Der Dämon verließ die Frau. Ich fing an zu erleben, dass das, was in der Bibel steht, auch tatsächlich passierte. Seitdem haben wir Dämonen aus vielen Leuten ausgetrieben und erlebt, dass Gott heute derselbe ist, so, wie wir es in der Bibel lesen können.

Noch einmal, ich bin überzeugt, dass ich niemals so gehandelt hätte, wäre das alles in einer größeren Gemeinde geschehen, wo es der Pastor, die Ältesten oder ein Gebetsteam sind, die solche Dinge tun. In solch einer Gemeinde gibt es dann viele, die nur passiv zuschauen und nie selbst aktiv werden. Zum Glück hatten wir die große Gemeinde verlassen und mussten nun selbst diese Verantwortung übernehmen. Nach einer gewissen Zeit wurden wir zu viele, sodass der Platz in unserem Wohnzimmer nicht mehr ausreichte. Deshalb mieteten wir ein Gebäude, in dem wir unsere Treffen abhalten konnten.

Ich war glücklich, dass wir endlich eine „richtige" Gemeinde mit Veranstaltungsort, Schlagzeug, Stuhlreihen usw. waren. Am Anfang waren wir alle sehr begeistert und fühlten uns ein wenig „echter", weil wir nun einen anderen Ort als unser Wohnzimmer für die Treffen hatten. Als wir unsere neuen Räume dann mit allem was eine „echte" Kirche so braucht ausgerüstet hatten, fühlte es sich an, als hätten wir etwas Persönliches, das wir zuvor hatten, verloren. Mit der Zeit wurden viele Leute mehr und mehr zu passiven Zuschauern. Nach einiger Zeit wurden wir frustriert und entschieden uns, die Gemeinde in drei Gruppen aufzuteilen, damit wir wieder zurück zu den guten Anfängen finden konnten. Die drei Ehepaare aus der Leiterschaft übernahmen je eine Gruppe, und wir trafen uns wieder in unseren

Häusern. Leider war das nicht erfolgreich, da wir die Leute voneinander getrennt hatten. Einige in unserer Gruppe wollten lieber in einer anderen sein und umgekehrt. Leider fanden wir nicht wieder zum ursprünglichen Zustand, einer organischen, lebendigen Gemeinschaft zurück.

Nach einiger Zeit der Frustration in der Gemeinde änderten wir ein paar Dinge in Bezug auf die Organisation. Als Folge davon musste ich mich zwischen der Gemeinde und einer Missions-Organisation namens „The Last Reformation" („Die letzte Reformation") entscheiden, die ich gegründet hatte und mit der ich sehr beschäftigt war, da ich an unterschiedlichen Orten verschiedene Treffen organisierte. Da wir jedoch vorhatten, jetzt auf andere Weise Gemeinde zu bauen, hätte ich die Missions-Organisation aufgeben müssen.

Zu der Zeit gab es eine weit verbreitete Lehre in einigen Gemeinden: „Lass den Samen sterben und gehorche deinen Leitern in allem, dann wirst du zu gegebener Zeit mehr Erfolg haben." Ich konnte das einfach nicht. Ich konnte nicht „The Last Reformation" und das Reisen beenden, nicht einmal für kurze Zeit. Wir mussten dem Ruf, den Gott uns gegeben hatte, treu sein. Darum hatten wir keine andere Wahl, als unseren Dienst in der Gemeinde zu beenden. Zur gleichen Zeit traten auch einige andere Älteste zurück. Die folgende Zeit war sehr hart für uns, und wir fühlten uns ziemlich niedergeschlagen. Aber der Herr gab uns ein Wort: „Geht, aber immer nur einen Schritt nach dem anderen." Ungefähr ein Jahr, nachdem wir die Gemeinde verlassen hatten, wurde sie ganz aufgelöst und die Leute fingen an, andere Gemeinden zu besuchen.

Nachdem wir uns entschieden hatten, die Gemeinde zu verlassen, rief uns ein Freund an und ermutigte uns, in seine Bibelschule zu kommen. Wir waren einverstanden, da wir zur Ruhe kommen wollten und Zeit brauchten, um den Herrn zu suchen. Aber dann stellte sich plötzlich heraus, dass wir auch hierfür unsere Missions-Organisation hätten schließen müssen. Wieder klang es danach, als müssten wir die Saat sterben lassen, bevor sie mehr Frucht hervorbringen konnte. Doch ich konnte es einfach nicht tun, da ich wusste, dass diese Arbeit, diese Organisation von Gott war. Ich musste Gott mehr gehorchen als den Menschen. Deshalb gingen wir dann doch nicht zu dieser

Bibelschule, wussten aber auch nicht, was wir als Nächstes tun sollten. Es war eine schwierige Zeit. Wie schon gesagt, war es unsere Entscheidung, die Gemeinde zu verlassen, doch fühlte es sich so an, als seien wir aus der Gemeinschaft, die wir begonnen hatten, hinausgeworfen worden, weil wir keine andere Wahl hatten, als zu gehen. Die meisten Leute in der Gemeinde waren durch mich zum Glauben gekommen, und plötzlich behandelten sie uns wie Luft. Auch das konnten wir nicht verstehen. Viele Jahre später habe ich herausgefunden, dass die anderen Leiter ihnen gesagt hatten, wir hätten einen Ruf bekommen weiterzuziehen und dies sei der Grund gewesen, warum wir gegangen seien. Deshalb dachten die Leute, dass wir nichts mehr mit ihnen zu tun haben wollten, was wiederum der Grund war, weshalb sie uns mieden.

Einige Wochen, nachdem wir die Gemeinde verlassen hatten, besuchten wir eine christliche Freizeit. Zu der Zeit hatte ich das Gefühl, dass wir diese Ablehnung nicht länger ertragen konnten. An einem Abend verließ ich das Treffen und schrie zu Gott. Ich war bereit alles aufzugeben. Doch dann rief mich am nächsten Abend ein afrikanischer Pastor nach vorne und gab mir folgende Worte: „Ich kann sehen, wie du Verträge unterzeichnest. Ich sehe Dokumente, die dir gegeben werden. Ich sehe, wie du Verträge abschließt, aber nicht selbst bezahlst. Ich sehe, dass andere bezahlen. Es ist egal, wer nicht zu dir gestanden oder dich verlassen hat. Es gibt jemand, der in deinem Leben sehr wichtig war, aber du sollst wissen, dass diese Trennung von Gott kommt, damit du nicht bequem wirst und deine Vision von Gott verpasst. Wenn das so weiter gegangen wäre, hättest du diese Vision verloren. Aber Gott hat diese Trennung angeordnet und dich durch eine Wüste gehen lassen, sodass du dich auf niemand anderen als Gott verlässt. Jetzt ist deine schmerzhafte Zeit vorbei und du wirst erleben, dass Gott selbst dich wieder aus dem Staub hochhebt und dich auf die Spitze des Berges setzt. Dein Schmerz ist Vergangenheit. Es beginnt ein neuer Tag und eine neue Zeit für dich."

Das war wirklich eine starke Ermutigung für uns. Es ist wahr, dass die Trennung von Gott kam, denn wenn wir geblieben wären, hätten wir unsere Vision verloren. Das saß! Es war aber auch der Grund, warum ich dachte, unsere Wüstenwanderung sei vorbei und ab jetzt würde es nur noch Fortschritt geben. In Wahrheit war dies aber erst der Anfang. Gott wollte die falsche Vorstellung von Gemeinde aus uns herausholen, damit er zusammen mit uns bauen konnte. Wir verstanden aber noch nicht, dass dieser Prozess die nächsten fünf Jahre dauern würde …

Kapitel 6

Wüstenwanderung

Nun hatten wir keine Gemeinde mehr und wussten auch nicht, was wir tun sollten, als eine Gemeinde aus einer anderen Stadt Kontakt mit uns aufnahm. Sie wollten, dass wir kämen, um ihnen zu helfen. Wir trafen uns mit dem Leitungsteam. Doch wegen einzelner Fragen, u. a. Mitgliedschaft und Unterordnung ihnen gegenüber, machte ich einen Rückzieher. Ich konnte nicht Mitglied ihrer Gemeinde werden, denn so hätte ich mit allem, was dort geschah, einverstanden sein müssen, was ich aber nicht war. Die Gemeinde hatte eine Sicht in Bezug auf Wiederheirat nach einer Scheidung, die ich nicht akzeptieren konnte. Außerdem konnte ich nirgendwo in der Bibel einen Beleg dafür finden, dass man eine Gemeinde-Mitgliedschaft braucht. In der vorherigen Gemeinde hatten wir keine Papiere unterschreiben müssen, um Mitglieder sein zu können. Wir waren einfach so wie die ersten Christen zusammen.

Außerdem fand ich es schwierig, dass ich mich ihnen unterordnen sollte. Warum sollten sie Entscheidungen über mein Leben treffen können, als wäre ich immer noch ein Kind? Zu der Zeit sah ich das als sehr ungesund an, nicht weil ich nicht tun wollte, was die Bibel sagt, sondern weil in der Vergangenheit Leiter schon häufig genug versucht hatten, mich zur Unterordnung zu zwingen bzw. mich zu kontrollieren, indem sie mir sagten, ich solle meine Vision aufgeben oder Kompromisse bezüglich Gottes Wort eingehen. Ich befürchtete, dass sich dies wiederholen würde. Ich musste Gott und seinem Ruf treu sein und nicht der Meinung von Menschen. Die Sache mit der Unterordnung ist ein großes Problem in einigen evangelikalen Kirchen.

Damit meine ich nicht, dass neue Gläubige nicht auf ihre geistlichen Eltern hören sollten. Ich denke aber, dass reife Christen unter einem solchen hierarchischen System eingeschränkt werden, sodass sie sich nicht weiterentwickeln.

Aus diesem Grund gab es weitere Gespräche, die darin endeten, dass wir keine Mitglieder werden mussten. Ich sollte an einem Sonntag im Monat predigen und die restliche Zeit sollte ich weiter für mein Missionswerk arbeiten können. Für uns klang das gut, und so zogen wir in diese Stadt. Was das Thema Unterordnung anging, sagten sie, es werde kein Problem sein, und das war es auch nicht, solange ich Teil ihres Systems war. Leider benutzten sie das aber später gegen mich, um mich von dem abzuhalten, was ich als Gottes Wille verspürte.

Ich schreibe das nicht, um meinen Schmerz zur Schau zu stellen, sondern um dir einen Einblick zu geben, wie sich dieses System an einigen Orten auswirken kann. Durch all dies haben wir vieles gelernt, und selbst heute möchten wir keine dieser Erfahrungen missen.

Als die Zeit des Umzugs näherkam, hatten wir noch keinen Ort, wo wir hinziehen konnten. Ich erinnerte mich an die Prophetie, die ich erhalten hatte, dass ich Verträge unterschreiben würde, ohne zu bezahlen. Deshalb dachte ich, es müsse sich um ein Haus für uns handeln. Ich betete und glaubte ohne Zweifel, dass Gott uns einen Ort zum Leben geben würde. Vierzehn Tage vor dem Umzugstermin hatten wir noch immer kein neues Zuhause gefunden, und auch vier Tage später sah es nicht anders aus. Wir fühlten uns unter Druck und suchten Gott. Acht Tage vor dem Termin kam ein Mann, der Christ war, zu uns und sagte, Gott habe ihm gesagt, er solle für uns ein Haus kaufen. Jetzt musste ich nur noch eines finden. Sieben Tage vor dem Umzugstermin fand ich ein schönes Haus und ich gab diesem Mann die Papiere. Am selben Tag noch rief er an und sagte, er habe das Haus gekauft unter der Bedingung, dass die Leute, die 33 Jahre dort gelebt hatten, innerhalb von sechs Tagen ausziehen würden. Sie waren damit einverstanden, da sie noch ein Sommerhaus hatten, wohin sie ziehen konnten, und so hatten wir an unserem Einzugstag ein großes Haus bereit. Wir waren richtig glücklich und priesen Gott. Die Abmachung war, dass wir die Miete und Nebenkosten an diesen

Mann bezahlen, welche er als Anzahlung für einen Hauskauf akzeptieren würde. Sobald wir selbst eine Hypothek bei der Bank für den Restbetrag aufnehmen könnten, würden wir dann selbst Hauseigentümer und das Haus wäre unseres.

Wie vereinbart fingen wir an, in dieser Kirche zu dienen. Nach kurzer Zeit wurde ich gefragt, ob ich der Jungendleiter werden wollte, da sie niemand anderen für diese Aufgabe hatten. Ich fühlte mich leicht unter Druck gesetzt, nahm aber trotzdem an. Für eine Weile ging alles sehr gut, aber nach einer gewissen Zeit wurde mir klar, dass es so nicht weitergehen konnte. Was wir zuvor in unserem Wohnzimmer erlebt hatten, hatte einen großen Eindruck bei uns hinterlassen, und so kamen wir zu dem Schluss, dass unser Verständnis von einer christlichen Gemeinschaft ganz anders war als in dieser Gemeinde. Würden wir weiterhin als Jugendleiter tätig sein, dann würden wir die Jugendlichen in die eine Richtung führen, die überhaupt nicht die Richtung der Gemeinde war. Zudem entdeckten wir auch einige theologische Unterschiede. Wir zogen uns zurück und fragten Gott, was wir tun sollten.

Etwas später war ich auf den Färöer-Inseln, wo Gott durch ein prophetisches Wort zu mir sprach. Als ich wieder zuhause war, wurde uns bewusst, dass es Zeit für den nächsten Schritt war, nämlich, unsere eigene Gemeinschaft zu beginnen. Wir wussten, dass die Gemeindeleitung damit nicht glücklich sein würde, weshalb ich andere Gemeinden, die im selben Gemeindenetzwerk waren, um Rat fragte, um herauszufinden, was ich tun sollte. Ich erzählte ihnen, welche Art von Ruf wir aufgrund unserer Erfahrung erhalten hatten. Wir glaubten damals, dass alles in Ordnung wäre, aber dem war bei Weitem nicht so. Unsere Auffassung von den Dingen unterschied sich ganz offensichtlich, und die Gemeindeleitung konnte unsere Sicht von Gemeinschaft nicht nachvollziehen. Gleichzeitig hatten sie aber auch große Angst davor, Mitglieder zu verlieren, und das ging so weit, dass andere vor uns gewarnt wurden. Als Folge davon verloren wir plötzlich viele Freunde aus der Gemeinde und auch der Mann, dem das Haus gehörte, änderte seine Meinung uns gegenüber. Somit verloren wir die durch die Miete geleistete Hausanzahlung im Wert von 30.000 bis 40.000 Euro und mussten wieder umziehen, da seiner Ansicht nach die Abmachung nicht mehr galt. Es war wirklich schwierig, und wir konnten nicht verstehen, warum es so viele Schwierigkeiten gab, nur weil wir taten, wozu wir uns berufen fühlten. Wir hatten wirklich versucht, alles richtig zu machen, doch ohne Erfolg.

Warum nur haben Kirchen und Gemeinden so viel Angst vor neuen Gemeinschaften, wenn man doch mit Zahlen belegen kann, dass dies die Lösung ist, um die ganze Welt zu erreichen? Besonders die Sache mit dem Haus hatte mich verletzt. Ich hatte schon früher erlebt, dass Menschen mich beschimpften und Lügen über mich erzählten, aber dieses Mal betraf es auch meine Frau und meine Kinder. Sie waren so glücklich in diesem Haus gewesen, wir hatten richtig nette Nachbarn und die Kinder spielten miteinander. Ich suchte das Gespräch mit anderen Gemeinden im Netzwerk, aber es schien ihnen egal zu sein, was wir dachten. Es waren einfach nur wir gegen eine große Kirche, und somit geschah nichts weiter.

Leider war das kein Einzelfall, das Gleiche war zuvor schon einmal passiert. Ich traf später einen Afrikaner, der dieselbe Kirche in derselben Stadt ein paar Jahre zuvor verlassen hatte und danach eine internationale Gemeinschaft gegründet hatte. Er hatte genau die gleichen Probleme erlebt wie wir. Auch vor ihm wurde gewarnt, er wurde beschuldigt „Irrlehren" zu verbreiten, wodurch er viele Freunde verlor. In vieler Hinsicht gleicht unser „System" dem der Zeugen Jehovas. Das mag schwierig nachvollziehbar sein, wenn man nicht selbst bereits Ähnliches erlebt hat. Ich habe seitdem viele Menschen getroffen, die das „System" verlassen haben und die mir von ihren Erfahrungen erzählten, die sie nach dem Verlassen des „Systems" gemacht hatten. Leider ist es nicht völlig falsch, wenn ich sage, dass mich dies an die Art der Ächtung erinnert, die auch die Zeugen Jehovas praktizieren.

Kapitel 7

Besuch von Engeln

In dieser turbulenten Zeit bekamen wir aber auch einige tollen Ermutigungen. Sehr besondere Leute besuchten uns und wurden zu einem großem Segen in unseren Leben. Auf ungewöhnlichem Weg kam ich in Kontakt mit einem Ehepaar aus Kanada, welches jährlich sechs Monate in Holland wohnt. Sie heißen Steve und Marilyn Hill. Am Telefon sprach ich mit Steve über unsere Situation. Und obwohl wir uns noch nie begegnet waren und sie uns überhaupt nicht kannten, stiegen sie ins Auto und fuhren von Holland nach Dänemark, um uns zu besuchen. Das war ein großer Segen für uns, denn zum ersten Mal trafen wir jemanden aus einem Hauskirchen-Netzwerk, der uns wirklich verstand. Es war einfach wunderbar, sie bei uns zu Besuch zu haben. Ich fand heraus, dass unsere Sicht, wie Kirche sein sollte, absolut biblisch war, und dass wir damit nicht alleine waren. Früher empfand ich oft, dass ich einfach nicht in das Kirchensystem hineinpasste, und dachte, mit mir stimme etwas nicht, doch dieser Besuch öffnete uns die Augen und zeigte uns, dass wir nicht verrückt waren.

Als sie nach ein paar Tagen wieder weg waren, sagte Lene: „Sind wir von Engeln besucht worden, oder was?“ Es war großartig, aber es fühlte sich unwirklich an, dass solche reifen und erfahrenen Menschen bereit waren, einen so weiten Weg auf sich zu nehmen, nur um uns zu treffen. Aus diesem ersten Treffen heraus entwickelten sich eine gute Freundschaft und eine Verbindung zu einem Netzwerk, mit dem wir bis heute zusammenarbeiten. Steve Hill war wie ein Vater zu uns, und zwar einer, der nur unseren Erfolg im Blick hatte, ohne dass er uns gebrauchen wollte, um seine eigene Vision zu bauen. Zum ersten

Mal fühlte ich, dass ich einen Leiter kennengelernt habe, welchem ich mich von ganzem Herzen unterordnen konnte.

Da wir ja aus unserem Haus ausziehen mussten, kauften wir ein älteres Haus und ich fing an, es zu renovieren. Gleichzeitig gründeten wir eine neue Gemeinde oder wie auch immer wir das nennen wollen. Diese bestand aus zwei frisch bekehrten jungen Leuten und unserer Familie. Es fühlte sich irgendwie so an, als hätten wir einen Rückschritt gemacht, wenn man bedenkt, dass wir so um die zwanzig Leute in der Jugendgruppe gewesen waren. Doch heute weiß ich, dass es besser ist, bei Null anzufangen und auf solide Weise zu bauen.

Während dieser Zeit beging ich einen großen Fehler, für welchen ich später Buße tun musste. Am Anfang wurde viel über uns getratscht. Leute sagten, ich hätte Probleme gemacht, sei rebellisch gewesen und wolle mich nicht unterordnen. Leider wird in unseren Kirchen heutzutage sehr viel getratscht. Doch kam niemand zu uns, um unsere Seite der Geschichte zu hören. Wegen der ganzen Kritik wollte ich beweisen, dass ich nicht auf dem falschen Weg war und dass ich eine Gemeinde gegründet hatte. Deshalb schickte ich eine Pressemitteilung an eine christliche Zeitschrift in Dänemark, mit dem Namen „Udfordringen" („Die Herausforderung"). Außerdem gestaltete ich eine Webseite für unsere Gemeinde, sodass die Leute sehen konnten, dass wir eine „echte" Kirche waren. Ich tat das, obwohl mir Gott klar gesagt hatte, dass ich nicht wieder in ein solches System einsteigen sollte, sondern dass wir uns einfach nur zuhause treffen sollten, ohne Webseite, Organisationsstruktur usw. Doch leider hörte ich nicht auf Gott. Ich fühlte mich stark unter Druck gesetzt und wollte der Kritik ein Ende setzen, weshalb ich meine eigenen Vorstellungen umsetzte. Das soll nun aber nicht heißen, dass es falsch ist, wenn eine Kirche eine Webseite hat. Das Motiv dahinter ist das, was zählt.

Diese neue Gemeinschaft zu gründen und sie offiziell als Gemeinde anzukündigen, bedeutete, dass ich nun plötzlich ein Pastor war. Bei den anderen Gemeindegründungen, in denen wir involviert waren, gab es immer noch andere, doch jetzt war ich alleine. Dadurch geschah etwas sehr Ungutes in mir. Plötzlich kam ein großer Druck auf mich, der sich sogar dämonisch anfühlte. Mit der Verantwortung kamen alle möglichen Fragen auf. Speziell eine davon lag schwer auf mir, und dies betraf die Anzahl der Personen in unserer Gemeinde. Diese Frage beschämte mich, da wir meistens nur so fünf oder sechs Personen waren und ich das Gefühl hatte, dass alles von mir abhängig war. Ging mit der Gemeinde und den Leuten alles gut, bedeutete es, dass ich ein guter Pastor war. Wenn nicht, schien es mein Fehler zu sein. Die Folge davon war, dass ich den Fokus verlor, den ich zuvor hatte, als ich einfach für Gottes Königreich arbeitete, ohne für irgendeine Kirche verantwortlich zu sein. Wenn in einer anderen Stadt jemand durch meinen Dienst oder meine Webseite gerettet wurde, verwies ich sie auf eine Gemeinde vor Ort und war froh, dass Gottes Reich wuchs. Jetzt fühlte ich mich aber verantwortlich dafür, wie es dieser Gemeinde und den Leuten darin ging und wie viele Leute beteiligt waren. Für mich fühlte es sich sogar wie ein Wettbewerb an, wo es darum geht, welche Kirche die meisten und welche die besten Leute hatte. Die anderen Kirchen wurden nun zu Rivalen, mit denen ich mich messen musste.

Ich erinnere mich an einen Tag, als jemand aus einem anderen Ort in Dänemark über meine Webseite gerettet wurde. Ich versuchte, ihn davon zu überzeugen, in unsere Stadt zu ziehen, damit wir mehr wurden. Dies fühlte sich aber schrecklich an, und ich bat Gott um Hilfe, da ich nicht verstehen konnte, was mit mir los war. Ebenso verspürte ich auch einen ungesunden Druck in mir, dass die Mitglieder unserer Gemeinde erfolgreich waren. Deshalb begann ich sie zu kontrollieren, obwohl ich sie wirklich liebte und nur das Beste für sie wollte.

Später wurde ich Gott sei Dank davon freigesetzt. Ich kann mir aber vorstellen, dass sich dies für dich alles ziemlich extrem anhört, wenn du nicht weißt, wie es ist, in unserer selbst geschaffenen Kirchenkultur ein Pastor zu sein. Das ist auch der Grund, warum so viele Pastoren aus den Kirchen und Gemeinden kündigen oder ausbrennen. Stress ist die Ursache. Und darum fühlen sich auch so viele Kirchen-Mitglieder allein gelassen oder durch die Kontrolle eingesperrt, wenn sie weiterziehen wollen. Da ich diese Dinge nun selbst erlebte, sah ich sie aus neuen Augen. Glücklicherweise denken nicht alle Pastoren so. Doch die Wahrheit ist, dass der Leib Christi in viele kleine „Unternehmen“ aufgeteilt worden ist, die oft nicht zusammenarbeiten können, insbesondere wenn sie aus derselben Stadt sind und um dieselben potenziellen „Kunden“ kämpfen müssen.

Wegen all der Angst und dem Stress wurde Lene krank. Unter anderem waren die Auslöser Dinge wie: Widerstand, Umzüge, Verlust von Freunden usw. Zeitgleich hatten wir große finanzielle Schwierigkeiten. Wir hatten eine Menge Geld verloren, und ich hatte plötzlich meine Arbeitsstelle verloren, da ich meinen Kollegen von Jesus erzählt hatte. Das alles brachte uns in eine schwierige Situation ohne regelmäßiges Einkommen. Dazu kam noch, dass wir ein großes altes Haus hatten, das dringend renoviert werden musste.

Als all dies geschah, hatte ich das Gefühl, nicht mehr leben zu wollen. Der Widerstand, den wir während der letzten Jahre erlebt hatten und unsere aktuelle Situation setzten uns in vielerlei Hinsicht unter Druck. Ich hatte es satt und wusste nicht mehr weiter. Definitiv waren wir in der Wüste gelandet, und es sah so aus, als würde sich das nicht so bald ändern. Wir suchten Gott intensiv, ja, in dieser Zeit betete ich acht bis zehn Stunden täglich, da ich nichts anderes tun konnte. Nur ganz langsam begann sich etwas zu ändern. Eines nachts gab Gott mir einen Traum, der tiefen Eindruck auf mich machte. Ich sah, wie ich mit zwei anderen Männern zusammenstand, die rauchten. Der eine reichte mir eine Zigarette und sagte, ich solle sie rauchen. Ich lehnte ab, aber er bestand darauf und sagte, ich müsse rauchen, sonst würden andere Leute merken, dass sie beide rauchten. Ich nahm die Zigarette und fing an zu rauchen, obwohl ich wusste, dass ich es nicht sollte. Dann wachte ich auf.

Ich wusste, dass dieser Traum von Gott war, und seine Bedeutung war mir sofort klar. Die anderen beiden Männer repräsentierten die Gemeinden, die wir mitgegründet hatten. Ich repräsentierte die Gemeinde, die wir zurzeit hatten. Die Zigarette und der Rauch repräsentierten das ganze System, welches den Leib Christi verseucht und Leben tötet. Gott wollte nicht, dass wir ein Teil davon waren. Doch wegen des Drucks und der Angst über das, was andere denken würden, hatte auch ich die Zigarette geraucht. Ich fühlte mich sehr schlecht, als mir das bewusst wurde. Ich war meiner selbst überdrüssig und wusste ganz genau, an welchen Punkten ich „geraucht“ hatte. Es hatte damit zu tun, dass ich diese Pressemitteilung an diese christliche

Zeitschrift geschickt und diese Webseite für unsere Gemeinde gemacht hatte. Weil andere mich als rebellisch einstuften, war ich unter großem Druck und sah unsere Gemeinde nicht als eine „echte" Gemeinde an. Aus diesem Grund hatte ich das getan, obwohl Gott wollte, dass ich ihm allein vertraue. Die Folge war, dass ich plötzlich wieder Teil des Kirchensystems war.

Am selben Tag rief mich Steve Hill an und sagte, er käme uns besuchen. Er kam genau zum richtigen Zeitpunkt. Wir sprachen über den Traum, und er konnte deutlich sehen, dass ich damit begonnen hatte, dem System, dass wir verlassen hatten, wieder zu entsprechen. Als Steve uns das erste Mal besucht hatte, war ich in unserem Wohnzimmer auf und ab gegangen und hatte mit einer falschen Vorstellung von Kirche gerungen. Und auch wenn ich seinen Gedanken folgen konnte und es auch so in der Bibel wiederfand, war ich von dieser anderen Sicht über Kirche sehr tief geprägt! Auch dieses Mal ging ich im Wohnzimmer umher und sagte zu mir selbst: „Torben, wann wirst du es endlich lernen? Wann wirst du es lernen?" Ja, es ist wirklich nicht einfach, aus diesem System herauszukommen und ganz allein Gott zu vertrauen.

Daraufhin rief ich die Gemeinde zusammen, erzählte ihnen von meinem Traum und bat sie um Vergebung. Ich löste „die Gemeinde" auf und löschte die Webseite. Die Leute blieben weiterhin da, und wir hörten nicht damit auf, uns zu treffen. Das Einzige was wir beendeten, war das „System". Für mich war es aber wichtig, alles zu beenden und wieder neu zu beginnen. Anschließend passierte vieles. Ein frischer Wind „übernahm" die Gemeinde und wir erlebten, dass viele neue Gemeinden rund um uns herum gegründet wurden. Gott hatte uns endlich durch die Wüste geführt und uns zurück in unsere alte Stadt gerufen.

Diese fünf Jahre in der Wüste waren äußerst schwierig, aber notwendig. Sie waren nötig, um das kirchliche System aus uns herauszuholen und um uns zu lehren, allein von Gott abhängig zu sein. Jetzt fühle ich mich endlich frei von diesem System und den Erwartungen anderer Menschen.

Gerade die letzte Zeit war sehr bedeutend für uns. Wir haben Gottes Wirken stärker erlebt als je zuvor, und viele Menschen haben

Veränderung erlebt. Wir wissen, dass es das ist, was Gott heute um uns herum tun möchte. Wir werden erleben, dass Menschen aus den Kirchensystemen herauskommen und auf die grünen, fruchtbaren Felder gehen. Wir werden erleben, dass Jesus seine Gemeinde baut, eine Gemeinde, die nicht auf Mitgliedschaft, Kontrolle und äußeren Strukturen basiert, sondern durch seinen Geist geleitet wird und aus lebendigen Steinen – seinen Jüngern – gebaut wird. Eine Gemeinde, die, statt mit ihnen Krieg zu führen, sich darüber freut, wenn ihre Leute ausziehen und ihre eigenen geistlichen Familien in ihrer Nachbarschaft beginnen. Welche Eltern wären froh darüber, wenn ihre Kinder mit 40 Jahren immer noch bei ihnen zuhause wohnen würden? Oder wer möchte sein ganzes Leben bei Mama und Papa wohnen? Dasselbe gilt für eine biblische Gemeinde, die wie eine Familie sein sollte.

Ich bin davon überzeugt, dass Gott uns durch all dies geführt hat, damit wir lernen konnten, ihm ganz zu vertrauen und frei vom System zu werden. Auch wenn es tatsächlich sehr schwierig war, haben wir keinen Groll irgendjemandem gegenüber. Ja, die Brüder „haben uns in den Brunnen geworfen“, ähnlich wie bei Josef, aber Gott war mit uns und brachte uns hierher, damit wir heute seine Leute freisetzen können. Er war in jeder Situation bei uns und gebrauchte alles für sein Ziel. Ich weiß, dass Gott jeden, den er will, gebrauchen kann für was immer er will, und darum kann ich allen vergeben. Manchmal können wir es nicht gleich verstehen, doch später können wir Gottes Gegenwart in allem, was geschehen ist, erkennen. Darum möchte ich dich ermutigen, den Weg zu gehen, den du gehen sollst, auch wenn es hart ist, denn auf der anderen Seite des Berges ist Sieg und Freiheit. Heute gehen wir nicht mehr nur zur Kirche, wir *sind* die Kirche. Seit ich 1995 gerettet wurde, habe ich immer wieder gehört, dass der Leib Christi nicht aus Gebäuden, sondern aus uns Christen besteht. Doch erst jetzt verstehe ich, was das wirklich bedeutet. Wir können sehen, dass Gott wirklich seine Gemeinde baut, eine Gemeinde, die nicht aus Mauern, Programmen, Finanzen, Angst und Kontrolle gebaut wird.

Ich hoffe, dass unsere Erfahrungen dich ermutigen und dir ein Eindruck davon geben, was heute in den Kirchen alles so geschieht. Ich bin sicher, dass viele eine Menge von dem, was ich beschrieben habe, wiedererkennen.

KAPITEL 8

Die Finanzen

Wenn ich mir die heutigen Kirchen anschaue, dann sehe ich, dass die Gebäude die größte Herausforderung für sie sind. Ein Kirchengebäude zu haben, ist nicht unbedingt falsch, aber es sind damit oft viele andere Dinge verbunden, die möglicherweise Gottes höchste Absicht mit der Kirche zunichtemachen können.

Schauen wir uns das Thema Finanzen an. Es wird viel Geld gebraucht für Gebäude, Stühle, Teppiche, Heizung und all die anderen erforderlichen Dinge. Um all dies zu erhalten, werden Kirchenmitglieder schnell unentbehrlich. Mehr Kirchenmitglieder bedeuten aber auch höhere Kosten, und deshalb bedeuten mehr Kirchenmitglieder nicht einfach, dass man mehr Geld zur Verfügung hat. Zusätzlich bekommt der verantwortliche Pastor in der Regel auch ein Gehalt. Somit sind Mitglieder nicht nur für die Instandhaltung der Kirche, sondern auch für das Einkommen des Pastors unentbehrlich.

Stell dir eine Kirche mit 80 Mitgliedern vor. Diese hat ein jährliches Budget von vielleicht 250.000. Euro. Von dieser Summe erhält der Pastor ungefähr 50.000 Euro als Gehalt, 10 bis 15 % werden in die Mission gegeben, was laut Umfragen in den heutigen Kirchen die Norm ist. Das bedeutet, dass der Rest von etwa 170.000 Euro für die laufenden Kosten der Kirche gebraucht wird. Die größten Ausgaben sind normalerweise die Rückzahlungsraten des Darlehens für das Kirchengebäude, die Kosten für Möbel sowie Betriebskosten.

Da diese Ausgaben oft parallel zur Zahl der Gemeindeglieder steigen, wird sich die Situation nicht so leicht ändern. Nehmen wir dann einmal an, dass ein Ehepaar den Ruf erhält, weiterzuziehen, oder

„schlimmer“ noch, sich berufen fühlt bei sich zuhause eine Gemeinschaft zu beginnen. Das bedeutet, dass zwei Personen die Kirche verlassen, die den Zehnten geben. Sagen wir, dass diese zwei Mitglieder jährlich 8000 Euro dieser Kirche gespendet haben und dieser Zufluss nun ganz plötzlich stoppt. Stell dir vor, wie viel 8000 Euro in so einer Kirche sind, insbesondere, wenn das Budget sowieso schon knapp ist. Und jetzt stell dir vor, was passiert, wenn noch ein oder zwei andere Ehepaare einen Ruf bekommen, wegzuziehen und in die Mission zu gehen. Tatsächlich werden viele Kirchen heutzutage wie Unternehmen geführt. Kirchgänger werden zu zahlenden Kunden, die notwendig sind, um die laufenden Kosten der Kirche zu decken.

Stell dir weiter vor, dass ein geistlich reifes Ehepaar, das schon viele Jahre mit Gott gelebt hat, zum Pastor kommt und sagt: „Wir haben den Herrn gesucht und haben den Eindruck, dass es für uns Zeit ist, weiterzuziehen. Wir bitten dich um deinen Segen dafür.“ Denkst du, dass der Pastor sie segnen wird? Ich glaube, dass, wenn kein Geld im Spiel wäre, der Pastor nichts zu verlieren hätte und er sie darum mit großer Freude segnen würde. Der Wunsch aller Eltern sollte es sein, dass ihre Kinder eines Tages ihr Zuhause verlassen, um ihre eigenen Familien zu gründen. Es ist gut, bereit zu sein, weiterzugehen und auf eigenen Füssen zu stehen. Selbst Jesus lebte mit seinen Jüngern nur für eine kurze Zeit zusammen, bevor er sie aussandte. Es ist die Aufgabe des Leiters, die Leute von Gott abhängig zu machen und nicht von ihm, eine Grundlage in ihren Leben zu schaffen, auf die sie später aufbauen können. Wenn wir darüber sprechen, was natürlich ist, können wir leicht erkennen, dass es für einen 40-Jährigen unnatürlich ist, immer noch zuhause bei den Eltern zu wohnen. Dasselbe gilt auch in Gottes Königreich, und genauso haben Jesus und die ersten Christen Leute zu Jüngern gemacht.

Leider ist es so, dass dort, wo es finanziell eng ist, oft auch viel Kontrolle ausgeübt wird, um die Leute in der Kirche halten. Und das ist auch der Grund, warum einige Pastoren im obigen Fall den Mitgliedern sagen werden: „Nein, ich denke nicht, dass ihr bereit seid, und ihr müsst eurem Leiter gehorchen.“ Bedauerlicherweise sprechen wir hier nicht von Einzelfällen. Ich habe es oft erlebt und ich betrachte die Vorstellung einer „Kirche als Betrieb“ als die hauptsächliche Ursache davon. Leider lassen sich Pastoren, die von dem Geld der Mitgliedern abhängig sind, um ihre Kirche am Laufen zu halten, viel zu oft selbst durch die Finanzen kontrollieren, statt von dem, was Gottes Wort sagt. Anstatt die Leute in ihren Dienst zu entlassen, wollen sie diese benutzen, um ihre eigenen Visionen zu erfüllen.

Es ist nicht meine Absicht, Pastoren zu kritisieren, sondern ich sehe sie als Opfer dieses Systems. Sie tun mir leid, und ich möchte ihnen heraushelfen. Das Problem sind nicht sie oder irgendwelche anderen Leute, sondern das ganze Kirchensystem, das wir aufgebaut haben.

Der Bedarf an Finanzen beeinflusst sogar den Umgang mit Kirchenmitgliedern, die in Sünde leben. Das Wort Gottes gibt an, wie mit Sünde in der Kirche umgegangen werden soll. Es schließt das Ermahnen der Sünder mit ein, und als letzte Möglichkeit, wenn sie uneinsichtig sind, sollen sie ausgeschlossen werden. Heute kommen hier auch die Finanzen ins Spiel. Schließt man einen Sünder aus der Kirche aus, verabschiedet man sich nicht nur von jemandem, der willentlich in Rebellion gegen Gott und in Sünde lebt, sondern man muss auch auf seinen finanziellen Beitrag verzichten. Dies führt leider dazu, dass viele Kirchen Gottes Wort kompromittieren, wenn es darum geht, über Sünde zu predigen und wie wir damit umgehen sollen. Erst vor ein paar Monaten habe ich mit einem Pastor über ein paar Mitglieder seiner Kirche gesprochen, die ihm Sorgen bereiteten, da sie einen großen Schaden in der Kirche angerichtet hatten. Ich fragte ihn, warum er sie nicht wegschickte, worauf er erwiderte: „Wir brauchen ihr Geld.“ Geld ist der Grund, warum so viele Leute Dinge tun, die sie nicht tun sollten, aber nicht das tun, was sie tun sollten. Dies führt oft zu großem Stress für die Pastoren. Vor einiger Zeit hörte ich dieses aussagekräftige Zitat:

> Das Christentum begann in Israel als eine Gemeinschaft; es zog nach Griechenland und wurde zu einer Philosophie, danach zog es nach Italien und wurde zu einer Institution, dann zog es nach Europa und wurde zu einer Kultur, zuletzt kam es nach Amerika, und dort wurde es ein Unternehmen.

Leider können wir nicht mehr behaupten, dass dies nur in Amerika so ist, denn zu einem Großteil ist das heute auch in Dänemark und dem restlichen Europa der Fall.

Ein Unternehmen ist das Gleiche wie ein Geschäft. Die Kirche ist der Leib Christi. Wenn nun aus dem Leib ein Geschäft gemacht wird, ist das dann nicht Prostitution? Deshalb gab es bei den ersten Christen keine Kirchengebäude oder angestellte Pastoren. Sie machten alles ganz anders, als wir es heute tun, und das schließt die Finanzen mit ein.

Wenn wir uns als Beispiel die lutherische Kirche in Dänemark anschauen, wird es sogar noch schlimmer. Diese Staats- oder „Volks"-Kirche betreibt ungefähr 2.300 Kirchen und hat ungefähr 2.400 angestellte Pfarrer. Die Kirchensteuer reicht nicht aus, um das System am Laufen zu halten, und somit gibt der dänische Staat jährlich noch 180 Millionen Euro obendrauf. Der jährliche Umsatz der Staatskirche beträgt ein bis zwei Milliarden Euro pro Jahr. Das bedeutet, dass der Staat die Kirche beeinflussen kann. Somit ist es nicht mehr eine Gotteskirche, sondern eine Staatskirche, genauso wie der Name es sagt. Außerdem können wir immer mehr beobachten, dass sich die Kirche dem anpasst und den Staat und die Menschen über die Autorität von Gottes Wort setzt.

Meiner Meinung nach sollten wir die lutherische Staatskirche komplett schließen, da sie die Leute verdirbt und eine Kirchenkultur hervorbringt, die nicht biblisch ist. Wenn man in Dänemark Nichtchristen befragt, was sie denken, wenn sie das Wort „Christentum" hören, erhält man normalerweise eine Antwort, die sich auf die lutherische Staatskirche – ihre Gebäude und Lehre – bezieht. Auf einer Weltkarte betrachtet, ist die weltweite lutherische Kirche relativ klein. Berechnet man die katholische Kirche mit ein, gibt es ungefähr zwei Milliarden Christen auf dieser Welt. Die lutherische Kirche hat davon um die 70 Millionen Mitglieder, also ein recht kleiner Prozentsatz. Die pfingstlichen und charismatischen Kirchen haben um die 800 Millionen Mitglieder, das sind mehr als zehnmal so viele wie Lutheraner. Trotzdem ist es die lutherische Kirche, die in Dänemark alles überschattet und bestimmt, was die meisten unter Christsein verstehen.

Die Kultur der Volkskirchen ist so stark in vielen verwurzelt, dass sie sogar die Kultur der Freikirchen beeinflusst. Wie du noch später in diesem Buch lesen wirst, gibt es einen großen Unterschied zwischen einer Staatskirche und dem, wie die Christen vor zweitausend Jahren organisiert waren. Ich sage: „Beendet das ganze System und gebt das Geld woanders hin!!“

Kapitel 9

Über den Zehnten

Schauen wir uns einmal die Vorstellung „Kirche als Geschäft“ an. Die meisten heutigen Freikirchen praktizieren das Prinzip des Zehnten. Für alle, die dieses Prinzip noch nicht kennen: Es bedeutet, dass die Gläubigen zehn Prozent ihres Einkommens an die Kirche, die sie besuchen, spenden sollten.

Die dänische Staatskirche (ebenso die ev. und kath. Volkskirchen in Deutschland, Österreich und der Schweiz) kennen dieses Prinzip des Zehnten nicht, da sie sich über Kirchensteuern finanzieren. Würde man diesen Kirchen die Taufe von Babys wegnehmen, dann würde man ihnen auch die meisten Mitglieder wegnehmen und damit ihre Wirtschaftsbasis. In der Folge würden sie aussterben. Diese Kirchen werden fast vollständig durch Geld bestimmt. Die Babytaufe ist ein wichtiger Teil der Kirche, da sie Geld einbringt. Es wird viel Brimborium um diese Taufe von Babys gemacht, obwohl die Bibel das nicht unterstützt. Die Praxis der „Kinder- oder Babytaufe“ kam im 4. Jahrhundert nach Christus auf und hängt laut geschichtlicher Untersuchung fast immer mit der Kirchenmitgliedschaft zusammen, hat somit auch eine wirtschaftliche Seite.

Doch wie ist das in den Freikirchen? Was würde dort passieren, wenn der Zehnte weggenommen würde? Es würde bedeuten, dass viele Freikirchen schließen müssten, da sie völlig auf dieses Prinzip des Zehnten gebaut sind.

Vielleicht denkst du, es sei ein biblisches Prinzip, den Zehnten zu bezahlen, und dass er der Kirche gehört. In Wahrheit ist es aber kein Prinzip des Neuen Testaments, so wie es heute gelehrt wird. Das bedeutet, dass viele Kirchen auf ein falsches Fundament gebaut sind. Viele Christen aus Freikirchen kennen folgende Stelle aus Maleachi:

> *Darf ein Mensch Gott berauben, wie ihr mich beraubt? Aber ihr fragt: „Worin haben wir dich beraubt?“ In den Zehnten und den Abgaben! Mit dem Fluch seid ihr verflucht worden, denn ihr habt mich beraubt, ihr, das ganze Volk! Bringt den Zehnten ganz in das Vorratshaus, damit Speise in meinem Haus sei, und prüft mich doch dadurch, spricht der Herr der Heerscharen, ob ich euch nicht die Fenster des Himmels öffnen und euch Segen in überreicher Fülle herabschütten werde!* (Mal 3,8-10).

Es gibt Pastoren, die sagen: „Du bestiehlst Gott, wenn du deinen Zehnten nicht bezahlst, da er der Kirche gehört. Der Zehnte gehört Gott und soll ins Vorratshaus gebracht werden, welches die Kirche ist, der du angehörst.“ In manchen Freikirchen ist das so gut bekannt, wie Johannes 3,16. In Wahrheit bestehlen Pastoren, die so argumentieren, ja vielleicht selbst Gott. Zuerst missbrauchen sie die Bibel und dann das Geld, indem sie es für andere Dinge benutzen, als Gott gesagt hat.

Ist dir bewusst, auf was der Text in Maleachi Bezug nimmt, wenn er vom Zehnten und Opfern spricht? Weißt du, dass es verschiedene Arten von Zehnten gibt? Wahrscheinlich nicht. Die meisten machen sich keine Gedanken darüber, denn das Einzige, was sie bisher dazu gehört haben, ist, dass es bedeutet, zehn Prozent seines Einkommen der Kirche zu geben. Ich wage zu behaupten, dass die meisten Christen, die den Zehnten ihres Einkommens ihrer Gemeinde geben, nicht wissen, worauf sich Maleachi bezieht.

Wusstest du, dass du, wenn du den Zehnten gibst, manchmal noch zusätzlich einen extra Fünftel drauflegen musst?

> *Will aber jemand etwas von seinem Zehnten auslösen, der soll den fünften Teil darüber geben. Und was den ganzen Zehnten von Rindern und Schafen betrifft — von allem, was unter dem Hirtenstab hindurchgeht, soll jeweils das zehnte Tier dem Herrn heilig sein* (3 Mose 27,31-32).

Wusstest du, dass die Schrift sagt, dass du manchmal deinen eigenen Zehnten essen sollst?

> *Du sollst allen Ertrag deiner Saat getreu verzehnten, was auf dem Feld wächst, Jahr für Jahr. Und du sollst essen vor dem Herrn, deinem Gott, an dem Ort, den er erwählen wird, um seinen Namen dort wohnen zu lassen, den Zehnten deines Korns, deines Mosts, deines Öls und die Erstgeborenen von deinen Rindern und Schafen, damit du lernst, den Herrn, deinen Gott, allezeit zu fürchten* (5 Mose 14,22-23).

Wusstest du, dass der Zehnte in Israel vom Land und nicht vom Geld kommen sollte?

> *Wenn dir aber der Weg zu weit ist, und du es nicht hintragen kannst, weil der Ort, den der Herr, dein Gott, erwählen wird, um seinen Namen dorthin zu setzen, dir zu fern ist; wenn [nun] der Herr, dein Gott, dich segnet, so verkaufe es und binde das Geld in deiner Hand zusammen und geh an den Ort, den der Herr, dein Gott, erwählen wird. Und gib das Geld für das aus, was irgend dein Herz begehrt, es sei für Rinder, Schafe, Wein, starkes Getränk, oder was sonst deine Seele wünscht, und iss dort vor dem Herrn, deinem Gott, und sei fröhlich, du und dein Haus. Den Leviten aber, der in deinen Toren ist, sollst du nicht im Stich lassen; denn er hat weder Teil noch Erbe mit dir* (5 Mose 14,24-27).

Richtig, hier steht geschrieben, dass du ihn selber essen sollst. Wusstest du, dass jedes dritte Jahr der Zehnte zuhause bleiben sollte? Er sollte dort die Leviten, Waisen und Witwen ernähren.

> *Nach Verlauf von drei Jahren sollst du den ganzen Zehnten deines Ertrages von jenem Jahr aussondern und es in deinen Toren lassen. Da soll dann der Levit kommen, weil er weder Teil noch Erbe mit dir hat, und der Fremdling und die Waise und die Witwe, die in deinen Toren sind, und sie sollen essen und sich sättigen, damit dich der Herr, dein Gott, segne in allen Werken deiner Hände, die du tust* (5 Mose 14,28-29).

Wie du siehst, haben wir aus der Bibel etwas herausgegriffen, ohne zu wissen, was es wirklich bedeutet, und haben ein ganzes Kirchensystem darauf aufgebaut. Wir könnten uns noch weitere Beispiele in der Schrift anschauen die aufzeigen, dass die Art und Weise, wie die

Kirche über den Zehnten lehrt, gerade mal eine Art von Zehnten betrifft. De facto gibt es verschiedene Arten des Zehnten. Zum Beispiel gab es den Zehnten für die Leviten, weil sie kein Land erben konnten, doch auch sie mussten wiederum einen Zehnten bezahlen, und zwar an Aaron und die Priester (vgl. 4 Mose 8).

Es gab einen Zehnten für die Feste, der nach Jerusalem gebracht und dort für diverse Feiern gebraucht wurde. Wie wir bereits gelesen haben, gab es auch einen Zehnten für die Armen, der jedes dritte Jahr bezahlt werden musste.

Erwähnenswert ist auch, dass Abraham keinen Zehnten von seinem eigenen Geld bezahlt hat, sondern laut der Bibel hat er in seinem ganzen Leben nur einen einzigen Zehnten bezahlt, und der war von der Kriegsbeute. Alle diese Beispiele zeigen, dass das Thema des Zehnten nicht so einfach ist, wie es scheint. Es wird aber deutlich, dass das „Vorratshaus" nicht notwendigerweise die lokale Kirche bzw. Gemeinde ist.

Der Grund, weshalb ich geschrieben habe, dass Pastoren manchmal diejenigen sind, die den Zehnten stehlen, ist, dass der Zehnte nicht für Kirchengebäude und deren Unterhalt gedacht ist. Ursprünglich war er als Unterstützung für jene gedacht, die im Tempel arbeiteten, da sie kein eigenes Land hatten, sowie auch für Witwen und Arme, damit sie genug zu essen bekamen.

Heutzutage wird der Zehnte für große Gebäude gebraucht und um Pastoren zu bezahlen, damit sie die Dinge tun, welche die Leute selber tun sollten. Heute sind wir alle Gottes Priester. Der Dienst der Leviten im Alten Testament ist vorbei, und wir sollten nicht versuchen, ihn aufrechtzuerhalten. Oft vergessen wir aber die Witwen und Armen unter uns. Warum geben wir unseren Zehnten nicht ihnen und verhalten uns damit etwas biblischer?

Die frühe Kirche gab kein Geld für Gebäude oder Pastorengehälter aus. Das Geld wurde je nach Notwendigkeit innerhalb der Gemeinschaft und auch für jene gebraucht, die herumreisten und die Aufgabe hatten, das Evangelium zu verkündigen und die Heiligen zuzurüsten. Die Bibel verlangt von uns nirgends, dass wir zehn Prozent unseres Einkommens der lokalen Kirche geben, mit der wir verbunden sind.

Gut, aber warum hat Jesus dann gesagt, dass wir den Zehnten unseres Einkommens bezahlen sollen?

Aber wehe euch Pharisäern, dass ihr die Minze und die Raute und alles Gemüse verzehntet und das Recht und die Liebe Gottes umgeht! Dieses sollte man tun und jenes nicht lassen (Lk 11,42).

Nein, Jesus hat nicht gesagt, dass wir den Zehnten bezahlen sollen. Er sagte den Pharisäern, dass sie den Zehnten bezahlen sollen. Der Grund dafür war, dass sie zu Israel gehörten. Der Zehnte und die Abgaben waren Teil des Steuersystem, das Gott damals eingesetzt hatte. Sie mussten den Zehnten der Ernte und von ihren Tieren geben. Im Zusammenhang mit der Stelle in Maleachi 3 bestehlen sie Gott, wenn sie diese Steuern nicht bezahlen, denn es war für die Unterstützung Israels bestimmt.

Leider verstehen nur wenige Leute, um was es beim Zehnten wirklich geht. Wenn jemand sagt, dass du zehn Prozent von deinem Einkommen an die Kirche bezahlen sollst, die das Vorratshaus sei, nun – entweder kennt diese Person das geschriebene Wort Gottes nicht, oder sie missbraucht es absichtlich, um die eigene Arbeit zu finanzieren.

Ich sage nicht, dass es falsch ist, zehn Prozent deines Einkommens zu geben. Ich bin der Ansicht, dass zehn Prozent ein guter Anfang sind. Was ich aber aus dem Neuen Testament erkennen kann, ist, dass nicht nur zehn Prozent, sondern all unser Geld Gott gehört. Den Zehnten zu geben, kann wirklich etwas Gutes sein, und ich meine, dass wir ihn mit einem fröhlichen Herzen geben sollen. Doch den Zehnten geben kann für manche auch einfach nur bequem sein. Sie können schnell denken, der Rest gehöre ihnen, nachdem sie zehn Prozent gegeben haben. Doch nein, mein Freund, alles, was wir haben, gehört Gott, und eines Tages müssen wir Rechenschaft darüber ablegen, wie wir damit umgegangen sind (vgl. Mt 25). Die Bibel spricht viel über das Geben. Wenn du nun verwirrt bist, dann forsche selber in der Schrift und frage Gott, was du mit deinem Geld tun sollst.

Warum schreibe ich überhaupt über ein solch heikles Thema? Ich bin mir nur zu bewusst, dass dies eine Zündschnur ist, die nur darauf wartet, angezündet zu werden, und viele Probleme verursachen kann.

Der Grund, warum ich dennoch darüber schreibe, ist aufzuzeigen, dass viele Kirchen auf einem falschen Fundament aufgebaut worden sind, welches ein System aufrecht hält, das nicht richtig funktioniert. Dieses System bindet die Leute und hält sie davon ab, Gott zu gehorchen. Es ist ein System, das großen Stress für Pastoren bedeutet und uns davon abhält, das Evangelium zu verkündigen und Jünger zu machen. Viele Kirchgänger wünschten, dass sie mit ihrem Geld andere Dinge unterstützen könnten, aber sie tun es aufgrund dieser Lehre nicht. Oft ist Furcht der Beweggrund, dass sie mit ihrem Geld Gebäude, Stühle, Musikanlagen usw. finanzieren, anstatt es, wie die Bibel es lehrt, den Armen und Witwen und für die Verbreitung des Evangeliums zu geben. Denke mal an die vielen Hunderttausend Euro, die sonst gespendet werden könnten, um die Welt mit dem Evangelium zu erreichen. Das Geld würde dann wirklich für das gebraucht werden, was Gott erreichen möchte.

Stell dir ein verheiratetes Paar vor, welches sich entscheidet, in diesem Monat seinen Zehnten oder eine vergleichbare Summe einer alleinerziehenden Mutter mit drei Kindern in ihrer Gemeinschaft zu geben. Wow, diese Botschaft würde sich wie ein Flächenbrand verbreiten, wenn Menschen hören würden, dass sich die Leute in dieser Gemeinschaft gegenseitig helfen. Und nun stell dir mal die vielen jungen Leute vor, welche ausgesandt werden könnten, um das Evangelium zu verkündigen.

Die Lehre, die behauptet, dass zehn Prozent von deinem Einkommen der Kirche gegeben werden sollen, hält die Kirchen am Laufen, aber sie versperrt die Sicht auf das, was Gott geplant hat und von dem wir im Neuen Testament lesen.

> *Alle Gläubigen waren aber beisammen und hatten alle Dinge gemeinsam; sie verkauften die Güter und Besitztümer und verteilten sie unter alle, je nachdem einer bedürftig war* (Apg 2,44-45).

> *So hat auch der Herr angeordnet, dass die, welche das Evangelium verkündigen, vom Evangelium leben sollen* (1 Kor 9,14).

Wie man sieht, spielen wirtschaftliche Faktoren eine große Rolle in den heutigen Kirchen. Das bindet die Leute und bringt Passivität hervor. Wenn du einen Pastor bezahlst, damit er für dich auf Gott hört –

etwas, zu dem du selbst berufen bist –, wirst du unweigerlich passiv. Der Pastor wird schnell zu einem professionellen Vermittler zwischen Gott und den Menschen.

Solltest du jetzt denken: „Juhu! Ich brauche keinen Zehnten mehr zu bezahlen, ich kann das ganze Geld für mich selbst verbrauchen“, dann muss ich dir sagen, dass du damit nur zeigen würdest, dass Gott nicht der Herr über dein Geld ist. Wenn du ihm gehörst, dann gehört ihm auch dein Geld. Diese Lehre soll dich dazu ermutigen, den Herrn zu suchen und frei zu sein, sogar mehr zu geben, und zwar dorthin, wo du dich geleitet führst. Gott wird es sicherlich segnen!

„Doch sollte ich nicht der Gemeinde gehorchen, zu der ich gehöre und ihnen meinen Zehnten geben?“ Wenn du ein Mitglied einer Gemeinde bist, wo erwartet wird, dass du den Zehnten gibst, dann kannst du das natürlich weiterhin tun, solange du Mitglied bist oder bis sich diese Regelung ändert. Ich möchte keinen Kommentar dazu abgeben, dass es Gemeinden gibt, welche die Mitgliedschaft an das Geben des Zehnten gebunden haben. Es ist nicht biblisch, aber es ist auch keine Sünde. Es obliegt jeder einzelnen Gemeinde, ob sie einen Zehnten einfordern will oder nicht. Jede Gemeinde muss für die Verwendung des Geldes vor Gott Rechenschaft ablegen. Es sollte aber nicht gelehrt werden, dass es ein biblisches Gesetz ist, denn das ist es nicht. Die Leute sollten frei sein und selbst entscheiden können, ob sie Teil der Gemeinde sein wollen oder nicht. Wenn jemand aufhört, den Zehnten an seine Gemeinde zu bezahlen, und damit auch seine Mitgliedschaft aufgibt, bedeutet das nicht, dass er der Bibel gegenüber ungehorsam ist. Die Bibel jedenfalls lehrt nicht, dass jemand den Zehnten geben muss.

Für mich ist es kein Problem, wenn einige Kirchen sich dafür entscheiden, zehn Prozent vom Einkommen ihrer Mitglieder zu verlangen. Das Problem fängt dort an, wo die Kirche es als Stehlen bezeichnet, wenn jemand den Zehnten nicht der Gemeinde gibt oder es Ungehorsam gegenüber Gott genannt wird und man unter einem Fluch steht, wenn man den Zehnten nicht mehr gibt oder sich gar entscheidet, aus der Kirche auszutreten. Beides sind Beispiele für Diebstahl: Einmal stiehlt man das Geld der Leute und einmal ihre Freiheit, Gott zu dienen.

„Doch, was ist mit den vielen Zeugnissen von Leuten, die durch das Geben vom Zehnten gesegnet wurden?“

Es gibt in der Tat viele Zeugnisse darüber, wie Leute gesegnet wurden, indem sie zehn Prozent ihres Einkommens gaben. Aber ich glaube, der Segen war fürs Geben und nicht dafür, dass sie ganz genau zehn Prozent ihres Einkommens einer spezifischen Kirche gegeben haben. Wenn du im Glauben gibst, wird Gott dich segnen, so sagt es sein Wort. Wenn Gott dir sagt, dass du zehn Prozent geben sollst, und du tust es, wird er deinen Gehorsam segnen. Wenn er fünfzehn Prozent oder einen ganz bestimmten Betrag sagt und du ihn gibst, ist es ebenso. Wenn er sagt, dass du es an Missionare oder andere in der Gemeinschaft geben sollst, dann wird er es sicherlich segnen. Gott liebt einen fröhlichen Geber, und er segnet die, welche im Glauben geben.

Ich habe viele Zeugnisse von Leuten gehört, die plötzlich gesegnet wurden, als sie aufgehört haben, den Zehnten einer Kirche zu geben, und stattdessen eine andere Summe an andere Personen gegeben haben. Es sind nicht die zehn Prozent, die zählen, sondern es ist der Gehorsam, so wie Gott sagt. Und natürlich können auch zehn Prozent an eine Gemeinschaft ein Teil davon sein.

Kapitel 10

Ein Werkzeug für die Mission

Es gibt etwas, worüber wir uns erst klar werden müssen, bevor wir uns anschauen, wie die Gemeinde am Anfang funktioniert hat. Deshalb stelle ich dir als Erstes eine Frage: Ist die Kirche bzw. Gemeinde für dich ein Ort, wo Christen sich versammeln, um zugerüstet zu werden, oder ist sie ein Ort, wo Nichtchristen das Evangelium hören sollen?

Deine Antwort zu dieser Frage ist von Bedeutung. Wenn es die Aufgabe der Gemeinde ist, Christen zuzurüsten, dann sollte die ganze Betonung darauf liegen, wie man das am besten macht. Wenn es jedoch Aufgabe der Gemeinde ist, ein Ort zu sein, an dem Nichtchristen Christen werden können, dann wird der Schwerpunkt auf etwas völlig anderem sein, nämlich darauf, den besten Weg dafür zu finden, wie man Nichtchristen in die Gemeinde bringt und sie dort hält. Deshalb ist es wichtig, ein klare Vorstellung davon zu haben, was die Aufgabe der Gemeinde sein soll.

Die Idee, dass Kirche ein Ort sein soll, wo Nichtchristen hinkommen, um das Evangelium zu hören, ist eher ein neues Konzept. Wir müssen nicht viele Jahrzehnte zurückgehen, um eine völlig andere Auffassung über die Aufgabe der Kirche zu finden. Damals war die Kirche ein Ort, wo sich Christen versammelten, um erbaut und als Jünger zugerüstet zu werden.

Wenn Pastoren und Leiter heute über Kirche sprechen, liegt der Fokus darauf, wie man Nichtchristen dazu bringt, in ihre Kirche zu kommen. Doch eigentlich sollten sie stattdessen Gott suchen, um den besten Weg zu finden, die Christen, die bereits dort sind, zuzurüsten.

Das würde eine völlig andere und biblischere Ausrichtung für das geben, was die Aufgabe der Kirche ist.

Die ersten Gemeinschaften bestanden ganz einfach aus Christen, die zusammenkamen. Und wenn sie versammelt waren, waren sie eins im Geist und in der Wahrheit. Sie waren eins und waren alle von Neuem geboren worden, in die gleiche Familie hinein. Sie alle hatten das gleiche Verlangen – Jesus Christus. Aus diesem und keinem anderen Grund konnten sie ihr Leben miteinander teilen und gemeinsam im Herrn wachsen. Und wann immer sie zusammenkamen, hielten sie das Abendmahl, das nicht nur ein Bissen Brot und ein Schluck Wein war, sondern Teil eines richtigen Essens, das sie zusammen einnahmen. Egal, ob du das Abendmahl so einnimmst, wie es in der Bibel beschrieben wird, oder so, wie die meisten Christen es heute tun – es hat Kraft. Und es sollte nicht leichtfertig genommen werden.

Die folgenden Verse werden oft mit im Zusammenhang mit dem Abendmahl gelesen:

> *Denn ich habe von dem Herrn empfangen, was ich auch euch überliefert habe, nämlich dass der Herr Jesus in der Nacht, als er verraten wurde, Brot nahm, und dankte, es brach und sprach: „Nehmt, esst! Das ist mein Leib, der für euch gebrochen wird; dies tut zu meinem Gedächtnis!" Desgleichen auch den Kelch, nach dem Mahl, indem er sprach: „Dieser Kelch ist der neue Bund in meinem Blut; dies tut, so oft ihr ihn trinkt, zu meinem Gedächtnis!" Denn so oft ihr dieses Brot esst und diesen Kelch trinkt, verkündigt ihr den Tod des Herrn, bis er kommt* (1 Kor 11,23-26).

Es kann aber katastrophal werden, wenn wir nur diese Verse beachten, wie es heute viele tun. Wir müssen auch folgende Verse lesen:

> *Wer also unwürdig (d. h. in unwürdiger, unangemessener Art und Weise) dieses Brot isst oder den Kelch des Herrn trinkt, der ist schuldig am Leib und Blut des Herrn. Der Mensch prüfe aber sich selbst, und so soll er von dem Brot essen und aus dem Kelch trinken; denn wer unwürdig isst und trinkt, der isst und trinkt sich selbst ein Gericht, weil er den Leib des Herrn nicht unterscheidet. Deshalb sind unter euch viele Schwache und Kranke, und eine beträchtliche Zahl sind entschlafen. Denn wenn wir uns selbst richteten, würden*

wir nicht gerichtet werden; wenn wir aber gerichtet werden, so werden wir vom Herrn gezüchtigt, damit wir nicht samt der Welt verurteilt werden (1 Kor 11,27-32).

Das Abendmahl ist so viel mehr als „nur" ein Essen mit ein wenig Brot und Saft. Dieses Mahl hat eine geistliche Auswirkung und ist so mächtig, dass es sogar negative Auswirkungen haben kann, wenn falsch damit umgegangen wird. Deshalb ist es wichtig, dass wir nicht, wie heutzutage üblich, jede beliebige Person am Abendmahl teilhaben lassen. Es kann nämlich zur Folge haben, dass man durch das unwürdige Einnehmen des Abendmahls das Gericht über sich selbst bringt. Die Gemeinde sollte ein Ort für diejenigen sein, die Jesus zu ihrem Herrn gemacht haben und mit ihm leben.

Kürzlich las ich über einen Pastor, der schrieb, er habe kein Problem mehr damit, wenn Nichtchristen am Abendmahl teilnähmen. Er baute seine Aussage darauf, dass auch Judas das Abendmahl genommen habe, dessen Beziehung zu Gott nicht in Ordnung war. Der Pastor sagte das zu seiner Verteidigung, da in seiner Kirche auch Personen am Abendmahl teilnahmen, die nicht von Neuem geboren waren. Judas ist hier aber ein sehr schlechtes Beispiel, weil Satan dann in ihn kam und er Jesus verriet und kurze Zeit später starb.

Das Abendmahl war schon immer für Christen reserviert, und es sollte auch heute noch so sein. Ein mangelndes Verständnis dafür, dass die Kirche und das Abendmahl für die Christen da sind, kann sehr negative Konsequenzen mit sich bringen.

Das gängige Verständnis, das Kirche ein Ort sein sollte, wo Nichtchristen hinkommen und Gott kennenlernen können, ist eine eher neue Denkweise. Warum lädst du die Leute nicht zu dir nach Hause ein, um dort gemeinsam zu essen und sie dabei kennenzulernen? Dann kannst du ihnen selbst das Evangelium weitersagen, und wenn sie Jesus nachfolgen wollen, auch gleich noch in der Badewanne taufen! Daraus ergibt sich auch gleich eine natürliche Beziehung zu denen, die sie zu Christus geführt haben, und nicht eine unnatürliche Beziehung zu einem Pastor, der sie nicht wirklich kennt. Dies ist ganz offensichtlich die beste und biblischste Art und Weise. Danach kannst du diese brandneuen Christen zu deiner Gemeinschaft mitbringen. Wenn sie dann dort sind, werden sie nicht mehr überrascht sein, wenn

Menschen z. B. in anderen Sprachen sprechen, da sie selbst es ja auch schon tun! So wird es übrigens in vielen anderen Ländern praktiziert, insbesondere dort, wo Christen verfolgt werden und wo die Kirche viel schneller wächst als hier bei uns im Westen.

Leider haben viele das Reden in anderen Sprachen sowie andere kontroverse Themen aus der Kirche ausgeschlossen, um suchenden Nichtchristen einen Gefallen zu tun. Das ist aber nicht nur unbiblisch, sondern auch gefährlich.

Jemand fragte mich, ob wir in Zungen beteten, wenn wir uns träfen, und ich antwortete mit Ja. Die Person sagte mir dann, das sei nicht biblisch, da Paulus sagt:

> *Wenn nun die ganze Gemeinde am selben Ort zusammenkäme, und alle würden in Sprachen reden, und es kämen Unkundige oder Ungläubige herein, würden sie nicht sagen, dass ihr von Sinnen seid?* (1 Kor 14,23).

Meine Antwort darauf ist: „Zu unseren Treffen kommen keine unkundigen oder ungläubigen Leute! Falls uns doch mal Ungläubige besuchen sollten, würden wir darauf eingehen. Wir würden die Gelegenheit nutzen, sie über den Heiligen Geist und das Reden in anderen Sprachen (Zungenreden) zu lehren, und somit wären sie nicht länger Unkundige! Stattdessen würde unser Zungenreden für sie zu einem Zeichen, über das an vielen Stellen in der Bibel berichtet wird."

Der Punkt, den ich betonen will, ist, dass wir die Kirche nicht zu einem Werkzeug für Evangelisation machen sollten, wenn sie in Wirklichkeit ein Ort für Jüngerschaft sein soll. Die Hauptaufgabe der Kirche ist, Jünger zu machen, so wie es Jesus angeordnet hat. Die Tatsache, dass wir auf verschiedene Weise versucht haben, aus der Kirche einen Ort zu machen, wo Nichtchristen erreicht werden können, bedeutet für Christen, die zur Kirche kommen, dass sie nicht zu effektiven Jüngern gemacht werden. Sie bekommen nicht die nötige geistliche Nahrung, damit sie wachsen können und Frucht bringen. Eine andere Folge ist, dass in vielen Freikirchen das Beten in anderen Sprachen kaum mehr praktiziert wird, weshalb dann neue Christen nicht mehr im Heiligen Geist getauft werden und auch nicht die Gabe des Sprachenredens erhalten, da sie sie ja nicht bei anderen erleben können. Es ist möglich, dass sie ihr später in einem Hauskreis begegnen können, aber sie werden kaum die Wichtigkeit davon verstehen, wenn sie es nicht gleich von Anfang an bekommen haben.

Dieses Phänomen können wir auch in vielen Pfingstkirchen beobachten, und wenn sie dort so weiter machen, wie bisher, dann wird bald kein „Pfingsten" mehr in ihren Kirchen zu finden sein! Wenn wir wirkungsvolle Christen sein wollen, dürfen wir nicht dem Wirken des Heiligen Geistes unter uns Einhalt gebieten, denn ohne Gottes Geist können wir nichts tun.

Wenn Christen zusammenkommen, sollten sie sich darauf konzentrieren Gott zu suchen, sowie für das alltägliche Leben als Jünger erfüllt und ausgerüstet zu werden. Ein Jünger zu sein, heißt auch, dass man das Evangelium verbreitet, sodass die Gemeinschaft wachsen kann. Dieser Teil wird gerne ignoriert, wenn es einer Kirche hauptsächlich darum geht, Nichtchristen zu erreichen. Es gibt viele Gefahren, wenn man die Kirche als Werkzeug zur Evangelisation gebraucht, anstelle eines Zentrums für Jüngerschaft, wie es die Bibel lehrt.

Das Konzept, dass Kirche hauptsächlich ein Ort sein sollte, an dem Nichtchristen in eine Beziehung zu Jesus kommen können, kann so in der Bibel nicht gefunden werden. Diese neue Denkweise hat den Weg geebnet zu dem, was wir „sucherfreundliche Kirche" nennen. Damit liegt der Schwerpunkt darauf, Nichtchristen zu erreichen, und nicht mehr darauf, Christen zu lehren und auszurüsten. Nebenbei werden auch noch einige andere wichtige Dinge verändert, um den Suchenden zu gefallen. Das ist verkehrt und gefährlich.

Ich kann aber gut verstehen, warum viele Pastoren und Leiter heute diesen Weg wählen. Sie sehnen sich danach, dass Menschen zu Christus kommen, und können nahezu keinen anderen Weg erkennen, auf dem das möglich wäre. Nur selten erleben sie Christen, die tun, was ich oben beschrieben habe, wie z. B. Leute zu sich nach Hause einzuladen und sie dort zu Christus zu führen. Das ist etwas, das seit vielen Jahren in den Gemeinden diskutiert wird, aber einfach nicht umgesetzt wird. Daher muss der Pastor andere Wege finden. Für Christen ist es viel einfacher, Nichtchristen zu einem Konzert in der Kirche oder einem Gäste-Gottesdienst einzuladen, als sie zu sich nach

Hause einzuladen und ihnen selber das Evangelium zu erzählen. Allein schon der Gedanke daran kann in vielen Christen große Angst auslösen.

Egal, aus welchem Blickwinkel wir es auch betrachten mögen, am Ende ist es doch nur eine Entschuldigung dafür, dass wir nicht tun, was wir tun sollten, und der Hauptgrund dafür, dass unsere Gemeinden nicht wachsen. Die Kirche ist nicht mehr ein Zentrum für Jüngerschaft, sondern ein Werkzeug für Evangelisation. In der Folge werden Christen nicht mehr als Jünger zugerüstet, was es für sie schwierig macht, andere Leute mit dem Evangelium zu erreichen. Die Gemeinde wurde nicht gelehrt, wie man das tut, und darum werden die meisten schon allein beim Gedanken daran von Angst übermannt.

Aufgrund dieses Wechsels in Ausrichtung und Zweck einer Kirche haben wir die Fähigkeit verloren, Jünger zu machen. Pastoren verzweifeln, weil ihre Kirchen nicht mehr wachsen, doch statt zum biblischen Model zurückkehren, suchen die Leiter der Gemeinden andere Wege. Sie erschaffen sucherfreundliche Kirchen und ändern viele Dinge, damit Nichtchristen in die Kirchen kommen. Leider ist das aber nicht die Lösung des Problems, sondern bewirkt das Gegenteil!!

Mit großer Traurigkeit muss ich sagen, dass sich heute die meisten Freikirchen in diese Richtung bewegen. Sie konzentrieren sich auf die falsche Sache und arbeiten die ganze Zeit hart daran, noch sucherfreundlicher zu werden. Natürlich kann es sein, dass dadurch mehr Leute in ihre Kirchen kommen, aber auf lange Sicht bringt es keine gute und dauerhafte Frucht.

Wir sollten uns in Erinnerung rufen, dass, wenn wir erkennen wollen, ob eine Gemeinschaft gesund ist oder nicht, wir nicht nur auf die Anzahl der Gottesdienstbesucher achten sollten. Stattdessen sollten wir prüfen, ob sie Leute zu Jüngern und Nachfolgern von Jesus machen. So etwas kann nicht in eineinhalb Stunden an einem Sonntagmorgen während eines Gottesdienstes getan werden. Wir erhalten ein besseres Bild, wenn wir uns ansehen, was die Mitglieder der Gemeinschaft an den Freitag- und Samstagabenden machen und ob sie im Alltag Jesu Worten gehorchen. Die Aufgabe der Kirche ist, Jünger zu machen, die in ihrem täglichen Leben gute Früchte hervorbringen, und so wird auch die Gemeinschaft wachsen.

Kapitel 11

Die sucherfreundliche Kirche

Vor einiger Zeit hörte ich von einer sucherfreundlichen Kirche, die das Kreuz von der Wand abgenommen hat, weil sich einige der Besucher darüber aufgeregt haben. Meiner Meinung nach zeigt das auf, was hinter dem Konzept der sucherfreundlichen Kirche steckt. Wir haben vom Evangelium all das entfernt, was die Leute als Anstoß empfinden könnten, in der Hoffnung, dass Nichtchristen zu unseren Treffen kommen werden, wenn wir das Evangelium akzeptabler machen. Jedoch bedeutet das auch, dass Christen nicht mehr die Nahrung bekommen, die sie zum Wachstum brauchen.

Wenn wir das Kreuz wegnehmen, weil Sünder daran Anstoß nehmen, was bleibt dann noch übrig vom Evangelium?

Diese Kirche sagt, dass sie nicht das Evangelium verändert, sondern nur die „Verpackung". Im Grunde genommen können wir die Botschaft so sehr einpacken, bis das Salz nicht mehr salzig ist und wir somit auch kein Evangelium mehr haben. Ich persönlich glaube nicht, dass wir die Verpackung ändern sollten, stattdessen sollten wir sie ganz entfernen. Anstatt viel Zeit damit zu verbringen zu überlegen, was wir ändern sollten, damit neue Leute zur Kirche kommen, sollten wir die Christen so ausrüsten, dass sie das Christsein im Alltag leben. Ich glaube, dass wir damit das Problem ein und für allemal lösen würden! Wie schon gesagt, kann all das geschehen, wenn wir nur einfach damit beginnen, unsere Gemeinschaft so zu gestalten, wie es die ersten Christen getan haben.

Das Evangelium von Jesus Christus ist nicht nur Gottes Kraft zur Errettung, sondern auch ein Stolperstein. Das hat Jesus wiederholt gesagt.

> *Er sprach aber zu allen: „Wenn jemand mir nachkommen will, so verleugne er sich selbst und nehme sein Kreuz auf sich täglich und folge mir nach. Denn wer sein Leben retten will, der wird es verlieren; wer aber sein Leben verliert um meinetwillen, der wird es retten. Denn was hilft es einem Menschen, wenn er die ganze Welt gewinnt, aber sich selbst verliert oder schädigt?"* (Lk 9,23-25).

Sich selbst zu verleugnen, erfreut sich heutzutage nicht allzu großer Beliebtheit, und genauso war es auch damals, als Jesus es sagte. Als Folge davon gingen Leute häufig betrübt oder beleidigt weg. Jesus rannte den Leuten aber weder nach, noch ging er Kompromisse mit der Wahrheit ein und hat auch nicht versucht, seine Botschaft anders zu verpacken. Eine der größten und beliebtesten sucherfreundlichen Kirchen in den USA führte vor einer Weile eine Umfrage durch.

Das Ergebnis dieser Umfrage war:

- 47 % der Mitglieder glaubten nicht, dass sie durch Gnade gerettet wurden.
- 57 % der Mitglieder glaubten nicht an die Autorität der Bibel.
- 56 % der Mitglieder glaubten nicht, dass Jesus der einzige Weg zu Gott ist.

Ist es das, was wir in unseren Kirchen heute sehen wollen? Immer wieder treffe ich „Christen", die keine Ahnung davon haben, um was es beim Evangelium wirklich geht. Sie gehen schon seit Jahren zur Kirche, leben aber überhaupt nicht wie Jünger Jesu.

Schade, dass in der Umfrage nicht auch noch gefragt wurde, wie viele Mitglieder tatsächlich Jesu Jünger sind und ihm täglich gehorchen. Denn das ist es, worum es geht. Wenn ich diese Zahlen anschaue, kann ich mir jedoch gut vorstellen, dass es wohl nur wenige sind. Diese Umfrage zeichnet uns ein gutes Bild davon, was geschieht, wenn wir den Zweck der Kirche verändern und sie zu einem evangelistischen Werkzeug, anstatt zu einem Zentrum für Jüngerschaft machen.

Um das Evangelium attraktiv zu machen, entfernen wir das, was den Menschen Rettung bringt und sie verändert. Die Folge ist, dass viele Leute in einer Täuschung leben und verloren gehen.

Vor einiger Zeit nahm eine Dame aus Kopenhagen Kontakt mit mir auf. Sie hatte sich unsere Lehre zum Thema Taufe auf unserer Webseite angehört und wollte nun getauft werden. Sie hatte viele Jahre lang eine sucherfreundliche Kirche besucht, aber nie verstanden, um was es bei der Taufe wirklich geht, bis sie unsere Lehre gehört hatte. Dass diese Frau immer noch nicht verstanden hatte, um was es bei der Taufe geht, beunruhigt mich, denn gemäß der Bibel ist die Taufe das Eintreten in ein neues Leben in Christus. Heutzutage wurde sie durch ein Errettungsgebet ersetzt, wofür wir keinen klaren Hinweis in der Bibel finden können. Jeder, der Jesus als persönlichen Herrn aufnehmen wollte, wurde gleich getauft, selbst wenn es dreitausend an einem Tag waren oder es mitten in der Nacht war. Die einen mögen nun sagen: „Aber wie war es denn mit dem Dieb am Kreuz? Der war nicht getauft."

Es ist richtig, dass er nicht getauft wurde, aber die Taufe von Jesus gab es zu diesem Zeitpunkt noch gar nicht. Als der Dieb am Kreuz hing, galt immer noch der Alte Bund. Jesus hing neben ihm am Kreuz. Die Taufe von Jesus symbolisiert Jesu Tod und Auferstehung, und das stand zu dem Zeitpunkt noch aus. Und genau das ist auch der Grund, warum wir in den Evangelien niemanden finden, der mit der Taufe von Jesus getauft wurde. Andererseits können wir nach der Kreuzigung und Auferstehung auch niemanden finden, der gläubig wurde und nicht direkt getauft worden wäre. Es ist mir bewusst, dass das Taufen von Leuten direkt nach ihrer Bekehrung heutzutage nicht sehr zweckmäßig ist, da die meisten Kirchen ein Programm haben, das Taufen nur alle drei bis sechs Monate vorsieht. Wir sollten unsere Praktiken aber mit denen der Bibel begründen und nicht mit unseren Traditionen. Auch das zeigt wiederum, wie weit wir uns von den Praktiken der ersten Kirche entfernt haben, die wir in der Bibel finden.

Nachdem die oben genannte Frau unsere Lehre über Taufe gehört hatte, wollte sie unbedingt noch mehr hören, und kam zu einem unserer Treffen. Nachdem ich gesprochen hatte, saß sie da und weinte und sagte, sie hätte nie zuvor etwas Vergleichbares gehört, was wiederum sehr erschreckend war, da ich nur das Evangelium verkündet hatte. Ich nahm ihre Hände und wir beteten zusammen. Gottes Geist kam mit Macht über uns und sie fing sofort an, in fremden Sprachen zu reden, während uns beiden die Tränen übers Gesicht liefen. Sie öffnete ihre Augen, schaute mich and und fragte ganz ruhig: „Was mache ich da?“ Ich erklärte ihr, sie spreche in fremden Sprachen und solle einfach damit weitermachen und es sei der Heilige Geist, der über sie gekommen sei. Sie schloss ihre Augen wieder und sprach weiterhin in Sprachen. Am nächsten Morgen kam sie, um getauft zu werden. Sie erzählte, als sie am Abend nach Hause gekommen sei, sei ihre Tochter mit Schmerzen zu ihr gekommen. Sie hatte sich vor einigen Jahren an einer Fensterscheibe die Hand aufgeschnitten und hatte immer noch viele Schmerzen. Die Mutter hatte schon oft für sie gebetet, ohne dass etwas passiert war. Aber an diesem Abend legte sie die Hand auf sie und betete, und diesmal war es so, als käme das Gebet aus dem Herzen und nicht aus dem Kopf. Die Schmerzen verschwanden augenblicklich.

Danach besuchten Lene und ich die Frau und ihre Familie. Als wir die 13-jährige Tochter trafen, fragte ich sie, ob sie schon im Heiligen Geist getauft worden sei, was sie verneinte. In diesen sucherfreundlichen Kirchen, wie der ihren, sprechen die Leute nicht wirklich über solche Dinge. Natürlich war sie noch recht jung, aber sie wollte wirklich mit dem Heiligen Geist getauft werden. Für Gott ist eine 13-Jährige „alt genug“. So ging ich zusammen mit ihrer Mutter in ihr Zimmer und betete für sie. Der Heilige Geist kam über sie, und sie fing an, in fremden Sprachen zu reden. Sie sagte uns, sie habe sich noch nie so fantastisch gefühlt. Ja, Gott wirkt in einem Teenagerzimmer genauso stark, wie in einer Kirche. Später taufte die Mutter sie gleich selbst in ihrer Badewanne. Seitdem besuchen sie diese „sucherfreundliche Kirche“ nicht mehr. Sie begannen zuhause ihre eigene Gemeinschaft, was ihnen ohne Zweifel mehr Erfüllung bringt.

Sie hatten eine sucherfreundliche-Kirche besucht, deren Ausrichtung darauf lag, eine große Gemeinde zu sein. Wir sollten uns aber nicht durch die große Zahl von Mitgliedern einer Kirche täuschen lassen.

Sucherfreundliche Kirchen sind sehr gut darin, Leute in ihre Kirchen zu bringen, und natürlich gibt es auch Leute, die dort Gott begegnen. Das will ich gar nicht infrage stellen. Ich hoffe jedoch, dass viele von ihnen nach einiger Zeit weiterziehen werden, um dem Herrn näher zu kommen, da sie in den meisten dieser Kirchen nicht genügend Nahrung finden können, um zu wachsen. Das Konzept der sucherfreundlichen Kirche bereitet Schwierigkeiten beim Jüngermachen.

Das Problem hierbei ist nicht unbedingt die starke Fokussierung auf Suchende, denn das ist an sich eine gute Sache. Ich persönlich versuche, Nichtchristen auf verschiedene Arten zu erreichen. Zum Beispiel rede ich auf eine Art und Weise, die Nichtchristen verstehen können. Das Problem liegt jedoch darin, dass wir die Kirche zu einem evangelistischen Werkzeug gemacht haben, statt zu einem Ort für Jüngerschaft und gegenseitige Ermutigung. Die Kirche sollte ein Ort sein, an dem Christen trainiert werden, sodass sie kühn in die Erntefelder gehen können.

Leider werden die meisten Christen heutzutage nicht zugerüstet, um hinzugehen und das Evangelium zu verkündigen. Stattdessen erwarten sie, dass der Pastor alles macht. Dies vergrößert die Kluft zwischen den im Dienst aktiven „Professionellen" und der großen Mehrheit, die nur in der Kirche sitzen und sie (finanziell) unterstützen. Denn obwohl Kirche dazu berufen ist, heilig und für Gott ausgesondert zu sein, um Menschen dafür auszurüsten, hinauszugehen, um die Welt zu evangelisieren, wird in sucherfreundlichen Kirchen die Welt in die Kirche geholt.

Vor einigen Jahren wurde auf einer christlichen Sommerkonferenz von den Organisatoren eine Disco mit Licht und Nebel für die Jugendlichen angeboten. Sie erklärten, dass sie den Gottesdienst mit einer Zeit des Lobpreises beginnen würden, um die Leute in die richtige Gemütsverfassung zu bringen. Nach dem Lobpreis konnten die Jugendlichen mit nicht-christlicher Musik eine Party feiern. Das ist ein weiterer Versuch, eine Kirche zu sein, wo sich Nichtchristen wie zuhause fühlen können. Die Folge davon sind rückfällige und lauwarme junge Christen, wie wir es leider schon oft sehen mussten.

Da ich viel reise, wurde ich mir in den vergangenen Jahren dieser Gefahr immer mehr bewusst. Ich konnte dabei viele Christen aus vielen verschiedenen Kirchen kennenlernen, und was ich sehe, macht mir Sorgen. Ich bin sehr beunruhigt darüber, wie die nächste Generation von Christen sein wird, wenn wir so weitermachen wie bisher.

Die Bibel sagt zum Thema Sünde Folgendes:

> *So fliehe nun die jugendlichen Lüste, jage aber der Gerechtigkeit, dem Glauben, der Liebe, dem Frieden nach zusammen mit denen, die den Herrn aus reinem Herzen anrufen!* (2 Tim 2,22).

Wir sollen vor Dingen, die uns in Versuchung führen, fliehen und sie uns nicht auf einem Silbertablett servieren lassen. Um für Nichtchristen relevant zu sein, müssen wir uns nicht ihnen und der Welt, in der sie leben, anpassen, sondern wir müssen uns von dieser Welt absondern und stattdessen etwas anbieten, was die Welt nicht geben kann. Die Kirche ist ein Ort, wo Christen zusammenkommen, um sich gegenseitig aufzubauen, denn dann können sie in die Welt hinausgehen und das Leben in Christus widerspiegeln. Das ist etwas, was wir nicht ändern sollten.

Nichtchristen können natürlich zu einem Treffen eingeladen werden. Das funktioniert am besten in kleinen Gruppen, wo es einfacher ist, auf ihre Bedürfnisse einzugehen. Es muss aber nicht dazu führen, dass wir den Fokus auf die Ausrüstung von Jüngern verlieren. Genau das Gegenteil ist der Fall!

Es beunruhigt mich, dass viele das Problem nicht erkennen werden, bis es zu spät ist. In meinem Land sind viele so sehr damit beschäftigt, sich die Megakirchen in den USA anzusehen, dass sie diese Botschaft nicht so empfangen können, um einen ehrlichen Blick auf die Früchte, die sie hervorbringen, werfen zu können.

Jesus sagte, wir sollten einen Baum anhand der Qualität seiner Früchte beurteilen und nicht allein aufgrund der Quantität.

> *Hütet euch aber vor den falschen Propheten, die in Schafskleidern zu euch kommen, inwendig aber reißende Wölfe sind! An ihren Früchten werdet ihr sie erkennen. Sammelt man auch Trauben von Dornen, oder Feigen von Disteln? So bringt jeder gute Baum gute Früchte, der schlechte Baum aber bringt schlechte Früchte. Ein guter Baum kann keine schlechten Früchte bringen, und ein schlechter Baum kann keine guten Früchte bringen* (Mt 7,15-18).

Ich glaube, dass es einen Grund dafür gibt, dass sucherfreundliche Kirchen in den USA und Dänemark so erfolgreich sind. Es liegt daran, dass wir in unseren Ländern nicht den gleichen Widerstand und die Verfolgung erleben wie Christen in anderen Teilen der Welt. Leider können wir deshalb nicht erkennen, wie es wirklich aussieht. Im Markusevangelium erzählt Jesus das wichtige Gleichnis vom Sämann:

> *Und er spricht zu ihnen: „Wenn ihr dieses Gleichnis nicht versteht, wie wollt ihr dann alle Gleichnisse verstehen?"* (Mk 4,13).

Dieses Gleichnis vom Sämann ist der Schlüssel, um die anderen Gleichnisse zu verstehen. Ich denke dabei insbesondere an die Gleichnisse in Matthäus 25: die Gleichnisse der zehn Jungfrauen, der zehn Talente und das Weltgericht. Alle diese Gleichnisse sprechen von Gottes Gericht. Sie warnen davor, dass viele glauben, Jesus sei ihr Herr, obwohl sie in Wahrheit nie wirklich von Neuem geboren wurden.

In dem Gleichnis über das Weltgericht geht es darum, dass Jesus die Schafe von den Böcken trennt – und nicht die Schafe von den Wölfen, wie man erwarten würde (vgl. Mt 10,16). Es geht um Leute, die in die Kirche gehen und Jesus als Herrn „bezeugen".

Das Gleichnis vom Sämann beschreibt verschiedene Arten von Böden, auf die der Samen fällt. Da gibt es z. B. diesen Boden hier:

> *Anderes aber fiel auf den felsigen Boden, wo es nicht viel Erde hatte; und es ging sogleich auf, weil es keine tiefe Erde hatte. Als aber die Sonne aufging, wurde es verbrannt; und weil es keine Wurzel hatte, verdorrte es* (Mk 4,5-6).

Hier sehen wir, dass etwas aufwächst, nachdem der Same gesät wurde. Es sieht am Anfang wirklich gut aus, und man kann nicht erkennen, dass irgendwas nicht in Ordnung ist. Jemand hört das Wort, kommt zur Kirche und ist ein „Christ" der mit Gott „lebt". Es sieht so aus, als wachse diese Pflanze gut, aber erst, wenn die Sonne hoch am Himmel steht, erkennt man, dass etwas nicht mit ihr stimmt. Danach erklärt Jesus, was die Sonne repräsentiert.

> *Bei anderen ist es wie mit der Saat, die auf felsigen Boden fällt. Wenn sie das Wort hören, nehmen sie es sofort mit Freuden auf, aber sie sind unbeständige Menschen, Pflanzen ohne Wurzeln. Sobald sie wegen des Wortes in Bedrängnis geraten oder sogar verfolgt werden, wenden sie sich wieder davon ab* (Mk 4,16-17 NGÜ).

Die Sonne repräsentiert Bedrängnis und Verfolgung, wodurch ans Licht kommt, was tatsächlich im Herzen ist. Da wir in Europa und den USA nicht dieselbe Bedrängnis und Verfolgung erleben wie Christen in vielen anderen Ländern, kann das zu einem großen Problem werden. Wir denken vielleicht, wir würden so wachsen, wie wir sollten, doch ist vieles davon nicht tragfähig, einfach weil Gottes Wort nicht in uns verwurzelt ist.

Was würde geschehen, wenn wir in Europa ganz plötzlich Verfolgung erleben würden, wie es z. B. Christen in China erleben?

Ich glaube, dann würde offenbar werden, dass die sucherfreundliche Kirchenbewegung nur aus Programmen und Abläufen besteht. Ich glaube, dass in kürzester Zeit nur wenige davon übrig blieben, weil die meisten Besucher dieser Kirchen ihren Glauben verleugnen würden, sobald das Christsein nicht mehr Spaß macht und unterhaltsam ist.

Der Same wurde auf felsigen Grund gesät, die Botschaft wurde gehört und mit Freuden angenommen, so wie wir es im Gleichnis lesen. Die Botschaft klang so gut, dass sie sie mit Freuden angenommen haben. Jedoch lesen wir nicht, dass sie über ihre Sünde betroffen waren, und ihnen wurde auch nicht gesagt, dass wir uns selbst verleugnen und das Kreuz auf uns nehmen sollen. Sie hörten es und kamen treu zur Kirche, aber das Evangelium konnte in ihnen keine tiefen Wurzeln schlagen. Doch diese Tatsache wird erst ans Licht kommen, wenn die Sonne den höchsten Punkt am Himmel erreicht hat und alles offenbar werden wird. Darum sollten wir von der verfolgten Kirche lernen und zuhören, was sie zu sagen hat. Wenn wir sie anschauen, sehen wir nicht dieselben sucherfreundlichen Ideen, bei denen die Botschaft nett verpackt wird und Leute durch Unterhaltung angezogen werden. Wenn wir über die verfolgte Kirche lesen, finden wir Hausgemeinden, welche die Christen ausrüsten, Jünger zu sein, gerade so, wie wir es in der Schrift lesen. Und diese Hausgemeinschaften wachsen um ein Mehrfaches schneller, als die sucherfreundlichen Mega-Kirchen. Wir hören nicht viel davon, weil im christlichen Fernsehen darüber nicht berichtet wird.

Einige mögen nun argumentieren, dass es diese Hausgemeinschaften nur deshalb gibt, weil es in gewissen Teilen dieser Welt Verfolgung gibt und, dass sie deshalb keine „richtige" Kirche haben können. Das ist nicht wahr. Die erste Christen in der Bibel erlebten auch Zeiten des Friedens und änderten trotzdem nicht ihre Art der Gemeinschaft. Nein, in der Bibel können wir nur Hausgemeinschaften finden.

Wie gesagt, ist die Frage nicht, ob das, was wir bauen, hier und jetzt bestehen kann, sondern ob es in alle Ewigkeit bestehen wird. Ich glaube es ist nur eine Frage der Zeit, bis die Verfolgung auch zu uns kommt, und wenn das geschieht, müssen sich die Kirchen verändern, um überleben zu können. Also warum nicht jetzt gleich die nötigen Veränderungen vornehmen und auf den Felsen bauen? Dann kann das Haus bestehen, wenn die Wellen kommen und dagegen schlagen.

Kapitel 12

Was ist Kirche bzw. Gemeinde?

Der Begriff „Kirche“ bzw. „Gemeinde“ kommt mehrfach in der Bibel vor. Ein Beispiel dafür finden wir im 1. Korinther:

> *Und Gott hat in der Gemeinde etliche eingesetzt, erstens als Apostel, zweitens als Propheten, drittens als Lehrer; sodann Wunderkräfte, dann Gnadengaben der Heilungen, der Hilfeleistung, der Leitung, verschiedene Sprachen* (1 Kor 12,28).

In diesem Kapitel schauen wir uns die Bedeutung dieses Begriffes etwas genauer an. Wenn verschiedene Menschen den gleichen Begriff unterschiedlich interpretieren, kann das ganz schön verwirrend sein. Um Missverständnisse zu vermeiden, fühle ich mich gedrängt, den Begriff auf klare Weise zu gebrauchen, damit kein Raum für falsche Interpretationen bleibt. Ich habe dies in den vorhergehenden Kapiteln getan, in denen ich über die Kirche als ein Gebäude gesprochen habe, zu dem wir gehen. Jetzt möchte ich jedoch die wahre Bedeutung des Wortes „Kirche“ bzw. "Gemeinde" genauer untersuchen.

Der Begriff, der im Neuen Testament mit „Kirche“ oder „Gemeinde“ übersetzt wurde, kommt von dem griechischen *ekklēsia.* Wenn wir heute den Begriff „Kirche“ hören, dann kommt uns meistens ein Gebäude in den Sinn. Doch der Begriff *ekklēsia* hat überhaupt keinen Bezug zu irgendeinem Gebäude oder einer Religion. Der Begriff bedeutet ganz einfach „eine Versammlung oder eine Zusammenkunft“.

In Apostelgeschichte 19 lesen wir darüber, dass Paulus in Ephesus das Evangelium gepredigt hatte und dass als Folge davon etliche Leute wütend wurden und riefen: „Groß ist die Göttin der Epheser!“ In Vers 32 lesen wir Folgendes:

> *[Hier] schrie nun alles durcheinander; denn die Versammlung war in der größten Verwirrung, und die Mehrzahl wusste nicht, aus welchem Grund sie zusammengekommen waren* (Apg 19,32).

Diese Versammlung war in der größten Verwirrung, und in diesem Fall bezieht sich das auf eine Versammlung von Nichtchristen, welche die Göttin Diana anbeteten. Interessanterweise wurde für das Wort „Versammlung“ im griechischen Urtext der Begriff *ekklēsia* verwendet. Daher könnten wir es auch so übersetzen: „Hier schrie nun alles durcheinander; denn die Kirche war in der größten Verwirrung, und die Mehrzahl wusste nicht, aus welchem Grund sie zusammengekommen waren.“

Das ergibt hier aber keinen Sinn, da es um eine Gruppe geht, welche die Diana anbetete. Wenn wir den Begriff „Kirche“ hören, sehen wir in unserem Kopf ein Bild, aber in dem Kontext, den wir gerade gelesen haben, ist dieses Bild komplett falsch! Leider ist es nicht nur in diesem Kontext nicht richtig, sondern das Problem ist, dass wir ein falsches Bild zu dem Wort „Kirche“ kreiert haben. Dieser Bibeltext zeigt auf, dass der Begriff, der im Neuen Testament mit „Kirche“ oder „Gemeinde“ übersetzt wurde, sich nicht immer auf ein christliches Treffen oder gar ein Gebäude bezieht, sondern ganz einfach auf eine Versammlung von Menschen.

Somit hat das Wort *ekklēsia* (im Deutschen je nach Bibelübersetzung mit „Kirche“ oder „Gemeinde“ bezeichnet) nichts mit einem Gebäude oder einem religiösen Treffen zu tun. *Ekklēsia* bedeutet nichts anderes als eine „Versammlung von Leuten“. Das kann auf der Straße, zuhause oder sonst wo sein. In der Bibel beziehen sich diese Versammlungen meistens auf eine Zusammenkunft von Christen. Das für diese Versammlungen benutzte Wort *ekklēsia* wurde oft als „Kirche“ oder „Gemeinde“ übersetzt.

Unglücklicherweise wird damit auch gleich die wahre Bedeutung verdreht, denn für uns bedeutet der Begriff „Kirche“ viel mehr als nur ein Zusammenkommen von Christen. Vermutlich würdest du einen Abend mit gläubigen Freunden, an dem ihr esst und Gemeinschaft habt, nicht als einen Gottesdienst bezeichnen, nicht wahr? Jedoch kommt genau dies der wahren Bedeutung von „Kirche“ näher, als wenn du sagen würdest: „Ich muss kurz zur Kirche gehen und etwas holen“, und du dann zu einem leeren Gebäude fährst, wo du normalerweise zum Gottesdienst gehst. Dieses leere Gebäude hat ganz und gar nichts mit einer Versammlung von Menschen (Kirche) zu tun, da es leer ist. Tatsächlich ist es heute so, dass wir eher an ein Gebäude denken, wenn wir das Wort „Kirche“ hören, obwohl das so ist, als würden wir eine Gruppe von Leuten als Haus bezeichnen. Diese beiden Dinge haben nichts miteinander zu tun.

Aus Sicht des Neuen Testaments gibt es kein Gebäude, das heilig ist! Du und ich – wir Christen – sind heilig! Wenn wir in einem bestimmten Gebäude zusammenkommen, ist es nicht das Gebäude, das heilig ist. Wenn wir diesen Ort wieder verlassen, sind wir immer noch heilig, aber das Gebäude ist immer noch nur ein Gemäuer. Gott lebt nicht in einem Gebäude, das aus Steinen gebaut wurde. Nein, er lebt in uns, die wir mit ihm leben. Wir sind Gottes Tempel hier auf Erden. Darum kommt es nicht darauf an, wo wir uns treffen, denn ein Treffen bei McDonalds kann genauso heilig sein wie ein Treffen in der Petruskirche.

Es kommt auch nicht darauf an, ob wir uns zu zweit oder mit zweitausend Leuten treffen. Jesus ist in beiden Fällen in unserer Mitte. Ein Treffen in einem Gebäude, das „Kirche“ genannt wird, macht dieses Treffen nicht bedeutender als eines auf der Straße oder in einem Wohnhaus. Eher das Gegenteil, denn, sich auf der Straße oder zuhause treffen, war das, was die ersten Christen taten. Der Ort, wo man sich versammelt, spielt eine sehr untergeordnete Rolle, da „Kirche“ nichts anderes bedeutet als „eine Versammlung“ von Christen. Wo auch immer sich eine Gruppe Christen trifft, dort haben – oder sind – wir die Kirche.

Der Begriff „Kirche“ kam um das Jahr 300 nach Christus in Gebrauch, auch wenn nicht ganz klar ist, warum. Es heißt, dass das Wort „Kirche“ vom griechischen *kuriakos* abstammt, was „das was dem Herrn gehört“ oder „des Herrn“ bedeutet. Dieser Begriff finden wir aber nur an zwei Stellen in der Bibel, und beide Male hat es nichts mit Kirche oder Versammlung zu tun. Beide Mal wurde es mit „des Herrn“ übersetzt.

> *Ich war im Geist am Tag des Herrn [kuriakos], und ich hörte hinter mir eine gewaltige Stimme, wie von einer Posaune ...* (Offb 1,10).

> *Wie sieht es denn nun bei euren Zusammenkünften aus? Ihr nehmt zwar alle am selben Ort eine Mahlzeit ein, aber als Mahl des Herrn [kuriakos] kann man dieses Essen nicht bezeichnen* (1 Kor 11,20 NGÜ).

Den Begriff „Kirche“ können wir also nicht in der Originalsprache der Bibel finden. Wir können nicht einmal den Begriff „Gemeinschaft“ finden, stattdessen finden wir überall den Begriff „Versammlung“ *(ekklēsia)*.

Warum nun fingen wir an, den Begriff „Kirche“ anstatt „Versammlung“ zu gebrauchen, wenn er doch gar nicht in der Bibel zu finden ist? Der Grund könnte gewesen sein, dass Kaiser Konstantin den Sonnengott anbetete. Zu einem bestimmten Zeitpunkt war er sogar der Hohepriester dieses Sonnengott-Kults (Sol-Invictus-Kult). Wenn du online nach dem Begriff „Kirche“ suchst, dann kannst du herausfinden, dass „Kirche“ (oder Circe) eine Hexe der griechischen Mythologie war, nämlich die Tochter des Sonnengottes Helios und der Mondgöttin Perse.

Dies könnte eine Erklärung dafür sein, dass der Begriff „Kirche“ damals in Gebrauch kam. Jedoch ist das nicht ganz sicher. Was wir aber sicher wissen, ist, dass es um „ekklēsia“ geht, was einfach „Versammlung“ bedeutet, wenn unsere Bibelübersetzungen die Worte „Kirche“, „Gemeinde“ oder „Gemeinschaft“ gebraucht. Wenn also die Bibel von einer „Kirche“ oder einer „Gemeinschaft“ spricht, meint sie „eine Zusammenkunft“, und diese Zusammenkunft hat nichts mit einem Kirchengebäude, Regeln, Sonntagsgottesdiensten usw. zu tun.

Sobald wir das begriffen haben, bekommen viele Dinge in der Bibel eine neue Bedeutung für uns. Oft haben wir unsere eigene Interpretation von Dingen und legen die Schrift deshalb oft komplett anders aus, als ursprünglich gemeint war. Und genau das ist mit den Begriffen Kirche, Gemeinde und Gemeinschaft geschehen. Wenn wir stattdessen die Begriffe Versammlung, Zusammenkunft, Treffen o. Ä.

gebrauchen würden, könnte es dabei helfen, dass wir von unserer falschen Vorstellung von „Kirche“ loskommen. Wage den Versuch!! Vergiss alles, was mit Kirchengebäuden, Regeln, Mitgliedschaften, Gottesdiensten zu tun hat und was immer dir in den Sinn kommt, wenn du an „Kirche“ denkst. Dann lies das Neue Testament und gebrauche jedes Mal den Begriff „Versammlung“, wenn „Kirche“, „Gemeinde“ oder „Gemeinschaft“ dasteht, und du wirst verstehen können, was ich meine.

Wir haben schon angesprochen, dass Gott der Gemeinde verschiedene Gaben oder, besser gesagt, verschiedene Dienste gegeben hat. Wenn sie diese Dinge lesen, denken die meisten Leute, Gott habe diese Dienste in ein Kirchengebäude oder in einen Gemeindeverband mit verschiedenen Gemeinden gegeben. Es gibt aber keinen Bezug zu irgendeinem Kirchengebäude, einer Gemeinschaft oder einem Netzwerk, sondern es bezieht sich auf die Versammlung von Christen im Allgemeinen. Erstens hatten die ersten Christen keine spezielle kirchliche Organisation und zweitens hatten sie kein Gebäude, das „Kirche“ genannt wurde. Wenn wir lesen, dass Gott der Kirche diese Dienste gegeben hat, bedeutet das, dass er diese den Versammlungen der Gläubigen im Allgemeinen gegeben hat, egal, wo sie sich treffen.

Lesen wir noch einmal den Abschnitt mit einem genaueren Verständnis:

> *[In der Versammlung der Gläubigen, ob auf den Straßen oder bei ihnen zu Hause] hat Gott etliche eingesetzt, erstens als Apostel, zweitens als Propheten, drittens als Lehrer; sodann Wunderkräfte, dann Gnadengaben der Heilungen, der Hilfeleistung, der Leitung, verschiedene Sprachen* (1 Kor 12,28 umformuliert).

Sobald wir verstehen, was verschiedene Begriffe, die in der Bibel vorkommen, wirklich bedeuten, wird uns das ein ganz anderes Verständnis der Bibel geben. Wir verstehen plötzlich, wie die ersten Christen wirklich gelebt haben. Und wir bekommen die Freiheit, täglich mit Gott zu leben und ihm zu dienen, egal wo wir sind. Gott kommt aus der Schublade heraus, in die wir ihn gesteckt haben, und das Christentum wird wieder so sein, wie es im Neuen Testament war.

Die Kirche war eine Versammlung von Gläubigen, die sich sowohl in kleinen wie auch in großen Gruppen trafen. Ihre Treffen hatten nichts mit den Mauern zu tun, die wir heute aufgebaut haben. Es gab keine Gebäude oder Organisationen mit Namen wie Pfingstler, Baptisten oder Lutheraner. Das sind alles Mauern, die wir aufgerichtet haben und die Gott in den letzten Tagen wieder niederreißen wird. Das wird nicht dadurch geschehen, dass alle großen Kirchenorganisationen eins werden und zu einem großes System zusammengeschlossen werden, sondern dadurch, dass die Kirchenmauern eingerissen werden und die Leute sich wieder in ihren Häusern und auf den Straßen treffen, wo es keine großen Namen, Programme oder Organisationen gibt. Wir werden durch den Heiligen Geist geleitet werden, und was uns die Bibel lehrt, sollten wir glauben und beachten. Die ersten Christen waren keine Mitglieder einer kirchlichen Organisation. Sie waren ganz einfach Repräsentanten von Jesus Christus.

Die Trennung, die wir heute zwischen vielen Kirchen und Gläubigen haben, ist die Ursache vieler Probleme. Eines dieser Probleme ist, dass einzelne Kirchen und Organisationen oft verpassen, was Gott uns durch „die anderen" offenbaren will. Gott gab mir vor einiger Zeit eine Vision darüber.

Die Bibel sagt, dass wir nur stückweise erkennen, aber dass wir Gott eines Tages vollkommen erkennen werden (vgl. 1 Kor 13,9). Dass wir alle ihn nur stückweise erkennen, bedeutet, dass jeder gewisse Teile von Christus erkannt hat, da Gott jedem von uns unterschiedliche Dinge offenbart.

Heutzutage sitzen wir in unseren Kirchen und Gruppen, jeder mit seinen eigenen Stückchen von Jesus. Aber was wäre, wenn wir uns alle in unseren Häusern treffen würden und unsere Stücke miteinander teilen würden? Genau wie bei einem Puzzle könnten wir plötzlich ein viel größeres Bild davon bekommen, wer Christus wirklich ist. Wenn sich die Leute heute zu Gottesdiensten treffen, wird Christus darauf begrenzt, was ein einzelner Pastor von ihm kennt, aber er ist der Einzige, der etwas in diesem System weitergibt. Die Bibel sagt uns aber, dass, wenn wir zusammenkommen, jeder etwas hat, was er einbringen kann. Das funktioniert aber nur in kleinen Versammlungen. Ich habe gute Freunde in verschiedenen kirchlichen Organisationen,

Freunde, die Jesus wirklich lieben und meine Brüder im Herrn sind. Wir können uns frei treffen und das Wort teilen, auch wenn es einige Bereiche gibt, wo wir Dinge ein klein wenig anders sehen. Jedes Mal, wen wir uns treffen, passen wir uns gegenseitig ein wenig mehr an. Das ist ein großer Segen, da in solchen Treffen unsere Augen für andere Aspekte von Jesus geöffnet werden, die wir sonst nie sehen könnten. Das führt dazu, dass uns die Bibel und wer Jesus ist tiefer offenbart wird. Das könnte aber in den Kirchen nie geschehen, in denen vor „den anderen" gewarnt wird und Mitglieder eingesperrt werden – aus Angst, sie zu verlieren. Wenn wir eins werden sollen, muss das auf einer persönlichen Ebene geschehen. Es ist so einfach, wir müssen nur diese Mauern, die durch unsere Organisationen gebaut wurden, entfernen. Jeder Einzelne muss selbst eins sein mit Christus, und danach können wir einfach miteinander eins sein.

Ihr seid Christi Gemeinde hier auf Erden, und das vierundzwanzig Stunden am Tag und sieben Tage die Woche! Wenn ihr jemanden aus einer anderen Kirche trefft, sollte euch erlaubt sein, Christus miteinander zu teilen, weil ihr ein Teil desselben Leibes bzw. derselben Kirche seid. Wenn ihr euch versammelt, dann seid ihr die Kirche und könnt deswegen zusammen Gemeinschaft mit Christus haben und füreinander Segen und Ermutigung sein. So sollte es sein, doch leider ist es nicht immer so, denn viele denken, dass wir „die anderen Schafe in Ruhe lassen" sollen.

Ich glaube ernsthaft an Einheit, aber sie muss auf Jesus Christus gegründet sein und nicht auf ein Kirchensystem oder eine Struktur. In der ersten Gemeinde gab es keine Mitgliedschaft. Wenn Einzelne Buße taten und getauft wurden, wurden sie in den Leib Christi getauft und gehörten zu Christus und nicht zu irgendeiner Kirche oder Organisation. Darum war es für sie einfach, sich mit anderen zu treffen, die auch zu Christus gehörten. Sie waren nicht Mitglied einer bestimmten Kirche und darum auch nicht Teil von irgendjemandes Vision. Es waren weder Ängste noch Konkurrenzdenken dabei, wenn Gläubige zusammenkamen.

Die ersten Gemeinschaften bestanden aus kleinen unabhängigen Gruppen, welche ganz einfach durch Liebe zueinander Beziehung pflegten. Es gab keine unterschiedlichen Konfessionen, Konkurrenz oder Kontrolle. Diese Gemeinschaften konnten so klein sein, dass sich nur zwei oder drei Leute zusammen trafen, oder sie konnten größer sein und zwanzig oder dreißig Leute umfassen. Es gab öfter mal Wechsel und Veränderungen. Wenn genügend neue Leute dazukamen, wurden neue Gruppen begonnen oder sie teilten sich in verschiedene Gruppen auf. Sie waren oft zusammen und es war wie eine kleine Familie, die größer wurde. Es ging weder darum, wo sie sich trafen, noch um Mitgliedschaft oder darum, wie viele sie waren. Es ging darum, sich zu treffen und Christus zu teilen, und zwar so, dass jeder sein „kleines Stück" in die Gemeinschaft einbringen konnte. Oft aßen sie zusammen, und das Abendmahl war ein regelmäßiger Teil dieser Liebesfeste.

> *Denn wo zwei oder drei in meinem Namen versammelt sind, da bin ich in ihrer Mitte* (Mt 18,20).

Da sie sich in kleineren Gruppen trafen, wurden sie ganz natürlich zu einer Art Familie, die sich täglich trifft und das Leben miteinander teilt. Seit ich Christ bin, habe ich verschiedenen Kirchen angehört, doch erst in den letzten paar Jahren habe ich Kirche wirklich als meine Familie erlebt. Ich kann sagen, dass ich die Leute, mit denen ich mich treffe, liebe. Es ist die Liebe und Christus, die uns zusammenhalten, nicht ein Gebäude oder eine Mitgliedschaft. Und ich möchte, dass andere es auch erfahren können.

Kapitel 13

Du bist die Kirche bzw. Gemeinde

Die Kirche ist kein Gebäude oder Ort, den du besuchen kannst: Du bist die Kirche! Du bist Teil von Christi Leib hier auf Erden. Du bist die Kirche, wo immer du bist und wo auch immer du hingehst. Ich glaube, dass die meisten Christen schon davon gehört haben, dass wir der Leib (Körper) Christi sind, dass jedoch nur wenige entsprechend leben.

Hat man ein Kirchengebäudes ist eines der Probleme, dass man viel zu schnell denkt, dieses Gebäude sei ein „heiligerer" Ort als andere Orte. Zudem scheint ein Kirchengebäude unsere Haltung und unser Verhalten zu beeinflussen, sodass wir das Christsein auf etwas reduzieren, was wir zu einer bestimmten Zeit an einem bestimmten Ort „tun". Das ist sicher nicht immer der Fall, doch dieses Risiko besteht. Es gibt Leute, die zu Hause oder anderswo Dinge tun, und sagen, die ihnen in der Kirche niemals in den Sinn kommen würden. Ihr Alltagsleben unterscheidet sich von ihrem Leben in der Kirche, vor allem am Sonntagmorgen. Kirche wird als der Ort angesehen, wo Gott ist und wo wir uns deshalb korrekt verhalten müssen.

Das war aber nie Gottes Absicht und ist genau das, was Jesus im Neuen Bund geändert hat:

Die Frau spricht zu ihm: „... Unsere Väter haben auf diesem Berg angebetet, und ihr sagt, in Jerusalem sei der Ort, wo man anbeten soll." Jesus spricht zu ihr: „Frau, glaube mir, es kommt die Stunde, wo ihr weder auf diesem Berg noch in Jerusalem den Vater anbeten werdet. Ihr betet an, was ihr nicht kennt; wir beten an, was wir kennen, denn das Heil kommt aus den Juden. Aber die Stunde

> *kommt und ist schon da, wo die wahren Anbeter den Vater im Geist und in der Wahrheit anbeten werden; denn der Vater sucht solche Anbeter. Gott ist Geist, und die ihn anbeten, müssen ihn im Geist und in der Wahrheit anbeten"* (Joh 4,19-24).

Jesus kam, um einen neuen und besseren Bund zu schließen. Er kam, um sich aus dir und mir ein „Haus" zu bauen. Gott will in uns leben, und zwar sieben Tage die Woche und 24 Stunden am Tag. Nichts von dem, was sonntags in der Kirche geschieht, kann nicht auch jeden Tag zu Hause geschehen. Wenn wir das verstehen und Gott ernsthaft in unser alltägliches Leben einbeziehen, dann wird unser Leben nie mehr dasselbe sein. Viele leben jedoch im Alltag ganz anders, als sie es am Sonntagmorgen in der Kirche tun. Viele betrügen sich selbst, wenn sie glauben, alles sei okay, solange sie sonntags zur Kirche kommen.

Das Leben mit Gott umfasst jeden Tag und jede Minute eines Christenlebens und jeden Ort, an den wir gehen. Es ist nicht etwas, das man nur hin und wieder zu einem bestimmten Zeitpunkt tut. Es ist auch nicht notwendigerweise an einen speziellen Ort gebunden. Natürlich gibt es Zeiten, in denen wir Gott unsere volle Aufmerksamkeit widmen und alles andere nebensächlich wird. Aber selbst wenn wir uns auf andere Dinge konzentrieren, verschwindet er nicht einfach.

Ist es möglich, Gott auf die gleiche Weise im Alltag zu erleben, wie wir ihn sonntags in der Kirche erleben können?

Ja, natürlich ist es möglich! Leider wird das Leben mit Gott oft auf das reduziert, was an einem bestimmten Ort (Kirchengebäude) zu einer bestimmten Zeit (Sonntagmorgen-Gottesdienst) geschieht, wenn eine bestimmte Person (der Pastor, Prediger oder Priester) gewisse Dinge tut, die – so wie uns gesagt wurde – nur er tun kann (wie z. B. das Abendmahl austeilen und predigen).

Forschungen aus den USA haben gezeigt, dass nur zehn Prozent aller regelmäßigen Kirchgänger täglich miteinander und ihren Kindern über Gott reden. Das könnte darauf hindeuten, dass neunzig Prozent aller Kirchgänger in ihrem Alltag nicht mit Gott leben. Das sollte uns beunruhigen, da Gott doch vom Zeitpunkt der Schöpfung an Teil der Familie und des Alltagslebens sein wollte. Viele scheinen dies jedoch durch einen wöchentlichen Kirchenbesuch zu ersetzen.

Dasselbe können wir am Beispiel der Sonntagsschule sehen. Ende des achtzehnten Jahrhunderts gab es in Europa die erste Sonntagsschule. Als sie Anfang des neunzehnten Jahrhunderts in die USA kam, waren viele große Kirchen dagegen. Sie wollten so etwas nicht in ihren Kirchen haben. Heute ist das für viele kaum mehr nachvollziehbar. Warum nur wollten sie keine Sonntagsschule in ihren Kirchen haben? Eine Sonntagsschule ist doch nichts Schlechtes, oder? Der einfache Grund für ihren Widerstand war der, dass sie fürchteten, die Sonntagsschule würde den Platz der Eltern, speziell der Väter einnehmen, die als Priester zuhause die Verantwortung dafür trugen, ihre Kinder über Jesus zu lehren.

Wenn wir unsere heutigen Kirchen anschauen, kommen wir zu dem Schluss, dass die amerikanischen Kirchen mit ihren Bedenken recht hatten. Vielerorts hat die Sonntagsschule den Eltern die Verantwortung, die Kinder zu lehren, abgenommen. Nur zehn Prozent der Kirchgänger sprechen täglich mit ihren Kindern über Gott. Das bedeutet, dass nur eine geringe Zahl der Christen heutzutage ihre Kinder Gottes Wort lehrt!

Viele meinen heute, dass es die Aufgabe der Sonntagsschule sei, Kinder über Gott zu lehren. Wir haben die Verantwortung einem System übergeben, das wir nicht einmal in der Bibel finden. Die Sonntagsschule an sich ist nicht falsch, aber sie sollte niemals dazu führen, dass Eltern eine Verantwortung, die Gott ihnen gegeben hat, abgeben.

Genauso wurde die Kirche ein Ersatz für unser persönliches Leben mit Gott. Viele denken: „Es ist die Aufgabe des Pastors, von Gott zu hören und mich zu lehren“, oder: „Es ist die Verantwortung der Kirche, dass ich auf meinem Weg mit Gott wachse“ usw. Die Verantwortung für unser eigenes Leben mit Gott wurde einem System übergeben, wo sie nicht hingehört. Ich möchte nochmals betonen, dass dies nicht unbedingt überall der Fall sein muss, aber wenn wir nicht aufpassen, kann es schnell dazu kommen.

Wenn wir uns nochmals anschauen, was Kirche sein soll, werden wir erkennen, dass wir selbst das einzig echte „Kirchengebäude“ sind, das Gott hat. Gemäß der Bibel sind wir Gottes Tempel (Kirche) hier auf Erden.

Wisst ihr nicht, dass ihr Gottes Tempel seid, und dass der Geist Gottes in euch wohnt? (1 Kor 3,16).

Oder wisst ihr nicht, dass euer Leib ein Tempel des in euch wohnenden Heiligen Geistes ist, den ihr von Gott empfangen habt, und dass ihr nicht euch selbst gehört? Denn ihr seid teuer erkauft; darum verherrlicht Gott in eurem Leib und in eurem Geist, die Gott gehören! (1 Kor 6,19-20).

Wir sind also Gottes Tempel, und das ist der einzige Tempel, den er hat. Darum sollten wir Gott mit unseren Körpern ehren. Wie ich bereits gesagt habe, ist dies etwas, das sieben Tage in der Woche gilt. Wir sind Gottes Tempel und wir alle sind auch Priester.

... und von Jesus Christus, dem treuen Zeugen, dem Erstgeborenen aus den Toten und dem Fürsten über die Könige der Erde. Ihm, der uns geliebt hat und uns von unseren Sünden gewaschen hat durch sein Blut, und uns zu Königen und Priestern gemacht hat für seinen Gott und Vater — Ihm sei die Herrlichkeit und die Macht von Ewigkeit zu Ewigkeit! Amen (Offb 1,5-6).

Das ist unsere heutige Position im Neuen Bund. Heute sind wir Gottes Tempel, und wir alle sind Priester. Genauer gesagt, bedeutet das: Du bist Gottes Kirche, und du bist ein Priester mit persönlichem Zugang zu Gott. Das Einzige, was an einem Kirchengebäude und einem Treffen heilig ist, bist du und die anderen, die dorthin kommen. Du hast durch Jesu Blut Zugang zum Allerheiligsten, wenn du von Neuem geboren worden bist und ein Leben mit Gott lebst. Darum brauchen wir keinen Hohepriester als Mittler mehr, so wie es im Alten Testament war. Wir müssen auch nicht unbedingt zu einem speziellen Kirchengebäude gehen oder „echte" Priester haben, um einen Gottesdienst abzuhalten. Wir alle sind Priester und können von Gott hören. Wir können Leute taufen, das Abendmahl austeilen, für Kranke beten usw. Du bist die Kirche, und du bist der Priester. Der Gottesdienst hat etwas mit dir zu tun. Der Begriff „Gottesdienst" kommt z. B. in der dänischen Bibel nur an zwei Stellen vor. Eine davon ist diese:

Ich ermahne euch nun, ihr Brüder, angesichts der Barmherzigkeit Gottes, dass ihr eure Leiber darbringt als ein lebendiges, heiliges,

> *Gott wohlgefälliges Opfer: das sei euer vernünftiger Gottesdienst!* (Röm 12,1).

Ein Gottesdienst ist nicht etwas Äußerliches mit speziellen Riten, so wie es heute üblich ist. Der obige Vers erklärt sehr gut, was eigentlich ein Gottesdienst ist. Es ist nicht zwangsläufig ein besonderes Treffen zu einer bestimmten Zeit an einem bestimmten Ort, vielmehr ist es ein Lebensstil, bei dem wir Gott unsere eigenen Körper (als seinen Tempel) anbieten, sodass er in und durch uns leben kann. Wir sind das Opfer, damit er in uns Wohnung nehmen und uns für seine Zwecke gebrauchen kann.

Wir haben Kirche auf ein Gebäude oder einen Ort reduziert, doch in Wahrheit ist Kirche eine bestimmte Person, nämlich du! Ebenso wurde dem Pastor/Pfarrer Verantwortung für Dinge übertragen, die du selber tun solltest, da du selbst heute ein Priester vor Gott bist. In gleicher Weise ist unser heutiges Verständnis von Gottesdienst zu etwas geworden, das nur an einem bestimmten Ort und zu einer bestimmte Zeit geschieht, normalerweise am Sonntagmorgen. Ein wahrer Gottesdienst findet jedoch dann statt, wenn jeder von uns seinen Körper dazu gebraucht, Gott anzubeten, etwas, das überall und jederzeit geschehen kann, wenn zwei oder drei zusammenkommen. Das kraftvolle geistliche Leben, das die ersten Christen führten, ist stark mit ihrer Auffassung von diesen Dingen verbunden. Wenn du dieses begreifst, wird es dich in noch mehr Freiheit mit Gott bringen.

Kapitel 14

Der Gottesdienst

Wenn wir uns die verschiedenen Arten von Gottesdiensten anschauen, die es heutzutage gibt, können wir sehen, dass sie fast alle gleich ablaufen. In der katholischen Kirche wird die Kommunion (Abendmahl) ins Zentrum des Gottesdienstes gerückt. Sie glaubt, dass Brot und Wein nicht nur Symbole sind, sondern dass sie während der Kommunion zum tatsächlichen Leib und Blut Christi werden. Diese Vorstellung geht zurück auf Gregor den Großen (540–604 n. Chr.). Luther bekämpfte diese Vorstellung, weshalb heutzutage in einem lutherischen Gottesdienst der Prediger im Zentrum steht. Damit wurde das Fundament der protestantischen und lutherischen Kirchentradition gelegt. Heutzutage sind in den meisten Kirchen das Abendmahl, die Kanzel und der Prediger immer noch die wichtigsten Elemente eines Gottesdienstes. Eine weitere große Änderung, die mit der protestantischen und lutherischen Tradition kam, war, dass nun die ganze Versammlung gemeinsam während des Gottesdienstes singt. Das gab es in der katholischen Kirche jener Zeit nicht. Neben diesen Aspekten gibt es keinen großen Unterschied zwischen dem, was Gregor der Große im sechsten Jahrhundert und was Luther im sechzehnten Jahrhundert lehrte.

Wenn wir uns die Gottesdienste einer durchschnittlichen Freikirche heute anschauen, dann finden wir auch dort nicht viel anderes. Natürlich gibt es kleine Unterschiede, wie Dinge praktisch getan werden, doch die Struktur ist dieselbe wie damals.

In einer typischen Freikirche beginnt man mit einer Begrüßung, dann folgt ein Gebet und anschließend kommen einige Lobpreislieder.

Als Nächstes gibt es Ankündigungen, eine Kollekte, weitere Lieder und schließlich steht der Prediger auf, um zu predigen. Wenn er mit der Predigt – fast immer eine einseitige Kommunikation – fertig ist, kommt das Gebet. In manchen Gemeinden gibt es ein Abendmahl direkt nach der Predigt. Schließlich wird der Morgen im Kirchenkaffee beendet. Dieser Ablauf erinnert sehr stark an die Gottesdienststrukturen in den eher traditionelleren Kirchen. Die Gottesdienste werden meistens durch einen Lobpreis-Leiter und einen Prediger geleitet. Sehr oft ist auch der Pfarrer/Pastor/Prediger die Person, die den Gottesdienst leitet. Die restlichen Leute der Gemeinschaft dürfen mitsingen, müssen ansonsten aber mit dem zufrieden sein, was alle anderen „Beteiligten" tun. Und wenn dich jemand am Montag fragt, ob es ein guter Gottesdienst war, dann würdest du hauptsächlich das in Betracht ziehen, was du vom Pastor, der Predigt und vielleicht noch vom Lobpreis gehalten hast. Doch lass uns einen Blick auf das werfen, was die Bibel zum Thema „Gottesdienst" sagt:

> *Wie ist es nun, ihr Brüder? Wenn ihr zusammenkommt, so hat jeder von euch etwas: einen Psalm, eine Lehre, eine Sprachenrede, eine Offb, eine Auslegung; alles lasst zur Erbauung geschehen!* (1 Kor 14,26).

Hier ist es wichtig zu verstehen, dass Paulus sagte: „Wenn ihr zusammenkommt, so hat jeder etwas zur Erbauung." Diese Liste ist nicht der allerwichtigste Teil, denn sie könnte sicher noch länger sein. Paulus lehrt, dass, wenn wir zusammenkommen, jeder etwas beiträgt, um einander zu erbauen, zu stärken und zu ermutigen. In einem typischen freikirchlichen Gottesdienst tragen jedoch normalerweise nur drei oder vier Personen etwas bei, die restlichen Leute sitzen nur dort mit ihren „Stückchen" von Christus. Je größer die Kirche, desto mehr Leute sitzen passiv darin herum. Einige werden jetzt einwenden, dass, wenn jeder etwas sagen würde, es ein schrecklich langer Gottesdienst würde, und das sehe ich genauso. Der einzige Grund, warum das nicht funktioniert, ist somit, dass wir zu viele Leute in unseren Zusammenkünften haben. In der Bibel lesen wir stattdessen, dass die ersten Christen sich in kleinen Gruppen in ihren Häusern trafen und nicht in großen Kirchenversammlungen. In diesen kleineren Gruppen dauerte es nicht allzu lange, bis jeder ein Wort, Zeugnis oder ein Lied beigetragen hatte.

Der Bibelvers, den wir gerade angeschaut haben, ist übrigens der einzige im Neuen Testament, der auf Strukturen in kirchlichen Treffen hinweist. Es gibt in der Bibel keine Hinweise für eine bestimmte gottesdienstliche Reihenfolge, wie Begrüßung, Lieder, Kollekte und Predigt. Wir können in der Bibel auch keinen Hinweis darauf finden, dass nur wenige etwas einbringen und die anderen nur dasitzen und zuhören sollen. Es wird in der Bibel jedoch von einem Anlass berichtet, als Paulus die ganze Nacht redete (vgl. Apg 20), doch glaube ich nicht, dass es eine lange, ununterbrochene Predigt war. Ich glaube, er redete so lange, weil auch andere Leute sich beteiligten.

Im Originaltext von Apostelgeschichte 20 können wir zwei verschiedene Begriffe finden, die beide mit demselben Wort übersetzt wurden. Der eine bedeutet „Rede" oder „Vortrag", der andere hat jedoch nichts mit Reden zu tun, sondern mit dem Führen eines Dialogs oder eines Gesprächs. Vermutlich sprach Paulus also während einer gewissen Zeit, und danach gab es einen aktiven Austausch, der bis tief in die Nacht hinein ging. Die ganze Gruppe war durch Fragen beteiligt, welche den Verlauf des Gespräches beeinflussten. Dieser Anlass war ganz anders, als es heute praktiziert wird, wenn eine Person 45 Minuten lang ohne Unterbrechung redet, zum Schluss Danke sagt und die Leute entlässt.

Wenn wir uns anschauen, wie sich die ersten Christen trafen, dann war das komplett anders, als wir es heute tun. Erstens hatten sie kein Kirchengebäude, zweitens hatten sie keinen Sonntagsgottesdienst und drittens hatten sie in ihren Treffen keine solchen Strukturen, wie wir das heute haben. Stattdessen trafen sie sich in ihren Häusern und teilten Christus miteinander. Sie aßen zusammen und nahmen das Abendmahl ein als Teil eines normalen Essens. Danach hatten sie alle die Gelegenheit, etwas Aufbauendes weiterzugeben. Die einen hatten eine Vision, andere ein Lied und wieder andere einen Abschnitt aus Gottes Wort oder erzählten von einem Erlebnis, das sie hatten. Diese Art des Zusammenkommens hat unterschiedliche Auswirkungen auf die Leute. Erstens bekommt jeder eine bessere Vorstellung davon, wer Christus ist, da diese nicht mehr auf die Offenbarung eines Pastors und weniger anderer begrenzt ist. Weiter bedeutet es, dass Leute nicht mehr so schnell frustriert sind, da sie die Möglichkeit bekommen, über ihr Erlebtes zu reden. Und schließlich führt es dazu, dass Leute auf völlig andere Art und Weise wachsen werden.

Wenn wir uns die heutigen Freikirchen anschauen, sehen wir verschiedene Gruppen von Christen. Da gibt es eine kleine Gruppe, die aktiv in der Kirche mitarbeiten und zufrieden sind, da sie einen Platz in der Kirche gefunden haben, wo sie Gott dienen können. Sie fühlen sich gebraucht und wachsen deshalb. Sie sind zufrieden und haben keinen Bedarf für eine Änderung. Doch leider ist diese Gruppe sehr klein. Die andere ist dagegen sehr groß. Unter diesen sind viele unzufrieden und frustriert, weil sie nicht gebraucht werden und nicht wachsen können in den Dingen, die Gott in sie hineingelegt hat. Diese Leute haben viele Jahre Sonntag für Sonntag in der Kirche gesessen. Aus reiner Frustration fangen einige an, alles und jeden zu kritisieren. Diese Leute haben ihre Träume beiseitegelegt und akzeptieren die Tatsache, dass sie nicht wachsen können oder weiter benötigt werden. Sie wurden niedergemacht, das Feuer in ihrem Innern ist langsam verloschen und schlussendlich wurden sie selbstgefällig, lauwarm und sind möglicherweise vom Glauben abgefallen. Sie mögen weiterhin zur Kirche kommen, aber in ihren Herzen haben sie die erste Liebe verlassen und ihr Feuer verloren.

Wir brauchen eine Reformation der Kirchenstrukturen. Falls du dich erinnerst: Auch wir wollten wirklich etwas anderes, als wir vor einigen Jahren den ersten Gottesdienst planten. Aber was geschah? Wir wurden genauso wie diejenigen, die wir verlassen hatten. In Wahrheit stecken die Kirchentraditionen tief in uns drin. Es braucht eine lange Zeit, um das zu ändern, aber mit Gottes Hilfe kann es gelingen.

> *Ich ermahne euch nun, ihr Brüder, angesichts der Barmherzigkeit Gottes, dass ihr eure Leiber darbringt als ein lebendiges, heiliges, Gott wohlgefälliges Opfer: das sei euer vernünftiger Gottesdienst! Und passte euch nicht diesem Weltlauf an, sondern lasst euch [in eurem Wesen] verwandeln durch die Erneuerung eures Sinnes, damit ihr prüfen könnt, was der gute und wohlgefällige und vollkommene Wille Gottes ist* (Röm 12,1-2).

Die meisten Leute, die diesen Abschnitt lesen, denken, dass es hier nur um Sünde und falsche Gedanken geht. Doch in dieser Stelle geht es außerdem um die Entschlossenheit, sich nicht den Systemen dieser Welt anzupassen. Wir sollen den Vorstellungen, die weder in der Bibel vorkommen noch mit Christus etwas zu tun haben, nicht folgen. Wir sollen unsere Gedanken, unseren Sinn erneuern, damit wir das tun können, was Gott von uns will. Folge nicht Traditionen und Systemen, die auf weltlicher Philosophie und Religion gegründet sind. Lass deinen Verstand erneuert werden, damit du verstehen kannst, wie die Kirche nach Gottes Willen funktionieren soll, und was du tun sollst, um Jünger zu machen.

Kapitel 15

Die Kraft des Vorbilds

Wie bereits erwähnt, hat Jesus uns dazu berufen, Menschen zu seinen Jüngern zu machen. Ich glaube, wir liegen daneben, wenn wir denken, dies würde alles von selbst geschehen, dadurch dass Leute Sonntag für Sonntag unsere Gottesdienste besuchen. Lehren zuzuhören, macht jemanden nicht unbedingt zu einem Jünger.

Jesus war ein Zimmermann, aber er baute keine einzige Kirche! Er gründete weder eine Organisation, noch hielt er Gottesdienste zu bestimmten Zeiten ab. Er gründete auch keine Bibelschule, um den Auftrag zu erledigen. Nein, die Art, wie Jesus damals Jünger machte, unterschied sich völlig von dem, wie wir es heute tun. In Matthäus 4 lesen wir, wie Jesus die ersten Jünger berufen hat.

> *Als Jesus aber am See von Galiläa entlangging, sah er zwei Brüder, Simon, genannt Petrus, und dessen Bruder Andreas; die warfen das Netz in den See, denn sie waren Fischer. Und er spricht zu ihnen: „Folgt mir nach, und ich will euch zu Menschenfischern machen!“ Da verließen sie sogleich die Netze und folgten ihm nach* (Mt 4,18-20).

Jesus berief seine Jünger mit den Worten: „Folgt mir nach.“ Ein Jünger Jesu war und ist ein Nachfolger Jesu. Wir lassen hinter uns, was wir tun, um dafür ihm zu folgen. Doch was hat Jesus getan, um die Leute zu seinen Jüngern zu machen? Hat er eine Kirche gebaut, wo sie sich jeden Sonntag treffen konnten? Hat er eine Bibelschule gegründet, wo er die Studenten jeden Morgen antreffen und unterrichten konnte?

In der dänischen Bibel steht folgende Erklärung zu dem Vers, den wir gerade gelesen haben:

> Zur damaligen Zeit gehörte zum Lernen oft dazu, einem Meister zu folgen und von ihm als Vorbild zu lernen. Ein Jünger ist eher ein Auszubildender (Lehrling) als ein Student. Darum nannten die Jünger and andere Leute Jesus oft „Meister".

In dem, was wir gerade gelesen haben, sind viele Wahrheiten verborgen. In der Kultur, in der Jesus und die ersten Christen lebten, wurden die Dinge ganz anders gehandhabt als das, was wir heute in unseren verschiedenen Kulturen tun. Von jemandem gelehrt zu werden, bedeutete also, einem Meister zu folgen. Dem Meister zu folgen, bedeutete jedoch nicht, dass man nur durch Sitzen und Zuhören lernte, sondern durch Sehen und Tun. Es war sowohl Lehren als auch Lernen durch Beispiele bzw., durch ein Vorbild.

Heutzutage besteht Lernen in der Kirche fast immer darin, jemandes Lehre zuzuhören. Was dich hierbei zu einem Schüler macht, ist hauptsächlich, dass du dasitzt und Lehren anhörst. Genauso funktioniert heute unsere gesamte Gesellschaft. Glücklicherweise fangen mehr und mehr Schulen damit an, neue Arten des Lernens einzuführen. Sie fangen damit an, die Kinder mit einzubeziehen, sodass sie nicht länger ausschließlich zuhören und stattdessen aktiv beteiligt sind. Die Forschung hat längst herausgefunden, wie man am effektivsten lernt:

- 10 % von dem, was wir gelesen haben,
- 20 % von dem, was wir gehört haben,
- 30 % von dem, was wir gesehen haben,
- 50 % von dem, was wir hören und sehen,
- 70 % von dem, was wir selbst sagen,
- 90 % von dem, was wir selbst tun.

Wie wir sehen, besteht ein großer Unterschied, wie viel wir lernen, darin, ob wir einfach nur dasitzen und zuhören – so wie wir das in den meisten Kirchen tun – oder ob wir selbst reden, sehen und handeln.

Jesus lehrte seine Jünger, indem er sie aufrief, ihm nachzufolgen. Auf diese Weise erlebten sie nicht nur, was er lehrte, sondern sie sahen auch, wie er lebte. Nachdem sie Jesus und sein Tun beobachtet hatten, sandte Jesus sie aus, um zu tun, was er sie gelehrt hatte. Das ist ein wichtiger Teil des Lernens, der heutzutage leider oft ausgelassen wird.

Die Art und Weise, wie heutzutage in Kirchen gelehrt wird, führt schnell zu einer distanzierten Beziehung zwischen dem normalen Kirchenbesucher und dem Pastor oder Vortragenden. Genauso habe ich mich als neuer Christ gefühlt. Wegen dieser Distanz wachsen Leute oft nicht in ihrem Glauben.

Wenn ich heutzutage auf dem Land unterwegs bin, treffe ich oft auf Menschen, die mich wegen meines Dienstes respektieren. Es ist eine Sache, mich aufgrund dessen zu respektieren, was sie von mir auf meiner Website oder ein paar Mal im Jahr hinter einem Pult sehen, aber es ist etwas ganz anderes, wenn man mit mir spricht und mich in den verschiedenen Situationen des Alltags trifft. Diejenigen, die mich lehren hören, erinnern sich nur zu zwanzig Prozent an das, was ich sage. Die Menschen, die jeden Tag mit mir sprechen, wachsen auf ganz andere Weise, vor allem, wenn ich sie mitnehme, um das Gelernte in die Praxis umzusetzen.

Sie werden nicht nur durch meine Worte gelehrt, sondern auch durch meinen Lebensstil. Sie hören nicht nur zu, sondern sie lernen auch, wenn sie sehen, wie ich mit meiner Frau und meinen Kindern umgehe, wie ich über andere denke, wie ich Zeit mit Gott verbringe usw. Sie lernen, indem sie mir nachfolgen und tun, was ich tue. Die Kirche sollte Teil unseres alltäglichen Lebens sein und nicht etwas, das nur ein paar Stunden pro Woche an einem bestimmten Ort passiert.

Wenn man bedenkt, dass das meiste, was wir lernen, tatsächlich dadurch geschieht, dass wir sehen, wie andere es tun, was lernen wir dann heute in vielen unserer Kirchen? Lernen wir, wie man ein Zeugnis ablegt? Lernen wir, wie man ein guter Vater oder ein guter Ehemann ist? Nein, denn das lernt man im Alltag und nicht dadurch, dass man sonntagmorgens zwei Stunden in der Kirche sitzt. Natürlich können wir beim Zuhören einer Predigt gelehrt werden, aber es ist nicht das beispielhafte Lehren. Was wir in der Kirche lernen, ist, wie man Leute lehrt, wie man Lieder singt, wie man andere willkommen heißt und viele andere Dinge, die zum kirchlichen Leben gehören.

Gott hat uns jedoch nicht dazu berufen, „professionelle“ Christen zu sein, die ein „professionelles“ kirchliches Leben führen. Wir sind dazu berufen, täglich hinauszugehen und aus Menschen aller Nationen Jünger (Auszubildende bzw. Lehrlinge) zu machen, Jünger, die dies täglich leben. Gott hat uns nicht berufen, ihm nur in kleinen Bereichen unseres Lebens zu dienen und den Rest zu vergessen. Denn hinter einem Rednerpult erfolgreich zu sein, während die Familie auseinanderfällt, ist überhaupt kein Erfolg. Nein, es geht um dein ganzes Leben. Deshalb hat Jesus Menschen gerufen, ihm nachzufolgen, damit sie in den Herausforderungen des Lebens durch Vorbilder lernen.

Ein gutes Bild wie Jesus und die ersten Christen gelebt haben, ist das von einem Auszubildenden und seinem Meister. Es ist eine Praxis, die es heutzutage nicht mehr so oft gibt, wie noch vor einigen Jahren. Der Gedanke dahinter ist, dass der Schüler (Auszubildende) von einem erfahrenen Lehrer (Meister) lernt, indem er seinem Beispiel folgt, bis er selbst genügend erfahren und kompetent ist. Wie hat ein solcher Auszubildender gelernt? Zuerst dadurch, dass er gesehen hat, was sein Meister getan hat. Bei dieser Art des Unterrichts lernte der Auszubildende nicht nur durch Sehen, sondern auch durch Hören und Tun.

Nach einiger Zeit wird der Auszubildende versuchen, Dinge selbstständig zu tun. Der Meister wird jedoch an seiner Seite bleiben, um zu sehen, wie es ihm geht, und um zu helfen, wann und wo es nötig ist. Nach einer Weile wird der Auszubildende mehr und mehr anfangen, Dinge selbstständig zu tun, bis er schließlich voll ausgebildet und in der Lage ist, weiterzuziehen. Mit dem Christenleben sollte es dasselbe sein. Wir folgen reifen Christen und lernen von ihnen. Nach kurzer Zeit sind wir bereit, Aufgaben zu übernehmen und selbst andere zu lehren.

> *Der Jünger ist nicht über seinem Meister; jeder aber, der vollendet ist, wird so sein wie sein Meister* (Lk 6,40).

In Lukas 9 kannst du ein anderes Beispiel finden, wie Jesus seine Jünger lehrte. Hier gibt er ihnen einen Auftrag zusammen mit einigen praktischen Anweisungen. Unter anderem steht dort:

> *Er sandte sie aus, das Reich Gottes zu verkündigen und die Kranken zu heilen. Und er sprach zu ihnen: „Nehmt nichts auf den Weg, weder Stäbe noch Tasche, weder Brot noch Geld; auch soll einer nicht zwei Hemden haben. Und wo immer ihr in ein Haus eintretet, da bleibt, und von da zieht weiter.“* (Lk 9,2-4).

Mit allem, was Jesus seinen Jüngern sagt, will er sie etwas Spezielles lehren. Später lesen wir:

> *Und er sprach zu ihnen: „Als ich euch aussandte ohne Beutel und Tasche und Schuhe, hat euch etwas gemangelt?“ Sie sprachen: „Nichts!“ Nun sprach er zu ihnen: „Aber jetzt, wer einen Beutel hat, der nehme ihn, ebenso auch die Tasche; und wer es nicht hat, der verkaufe sein Gewand und kaufe ein Schwert. Denn ich sage euch: Auch dies muss noch an mir erfüllt werden, was geschrieben steht: „Und er ist unter die Gesetzlosen gerechnet worden“. Denn was von mir [geschrieben steht], das geht in Erfüllung!“* (Lk 22,35-37).

Jesus schickte sie genau zu diesem Zeitpunkt aus, damit sie etwas Bestimmtes lernten: Gott zu vertrauen. Später, als Jesus sagte: *„Gleichwie mich der Vater gesandt hat, so sende ich euch“* (Joh 20,21), wussten die Jünger genau, was er meinte. Sie hatten gesehen, wie er vom Vater ausgesandt worden war. Jesus war nur drei Jahre mit den Jüngern zusammen, aber das war ausreichend für sie, sodass sie hinausgehen und die Welt verändern konnten.

Heute sehen wir, wie Christen 15 oder 20 Jahre in Kirchenbänken sitzen, ohne dass sich groß etwas verändert. Warum? Könnte der Grund dafür der sein, dass wir ein kirchliches System aufgebaut haben, welches nicht in der Lage ist, Leute durch Vorbild zu trainieren? Könnte der Grund der sein, dass wir uns nur an zwanzig Prozent des Gehörten erinnern?

Stell dir einen jungen Mann vor, der unbedingt Elektriker werden will. Natürlich fängt er damit an, dass er auf der Schulbank sitzt, seinem Lehrer zuhört und Bücher liest. Aber komischerweise hat er nach vier Jahren immer noch nichts selbst getan. Er hat nur zugehört und gelesen, ohne sein Wissen auf irgendeine Weise praktisch anzuwenden. Er hat all die Bücher gelesen und Vorträge angehört, wie es getan werden sollte. Er weiß alles darüber, aber jetzt ist die Zeit gekommen, wo er zeigen muss, was er in diesen vier Jahren gelernt hat. Und was wird nun wohl passieren? Genau, er ist vermutlich sehr ängstlich, nervös und unsicher und er wird Schwierigkeiten haben, sich an alles zu erinnern, was er gehört und gelesen hat. Er wird denken: „Und, was soll ich jetzt machen? Es ist nicht so, wie ich es gehört und gelesen habe. Was ist, wenn etwas falsch läuft?“ Vermutlich wird er aufgeben, da er gemerkt hat, dass der Unterschied zwischen Theorie und Praxis einfach zu groß ist.

Glücklicherweise wird das heutzutage kaum einem Elektriker geschehen, denn als Auszubildender wird er alle möglichen Dinge ausprobieren und viel praktisches Training haben. Nach einer kurzen Zeit an der Berufsschule wird er ein Praktikum machen, wo er an jemandes Seite mit mehr Erfahrung arbeitet, bis er bereit ist, selbstständig zu arbeiten.

Der einzige Ort, an dem wir heutzutage nicht so lernen, ist in unseren Kirchen. In unseren Kirchen hören und lesen wir nur, ohne praktische Erfahrungen zu sammeln. Darum haben wir eine Kirche, die mit Furcht erfüllt ist und die nie in die reale Welt hinausgeht, um zu tun, was Jesus uns geboten hat. Wir wissen alles darüber, wie es geht, aber wir scheinen es nie wirklich selbst zu tun.

Ein Beispiel: Jemand kommt zu mir und möchte wirklich etwas über Gott erfahren. Ich bringe ihn zu einem Christen, der seit zehn Jahren regelmäßig die Kirche besucht. Ich fordere den Christen heraus: „Könntest du dieser Person das Evangelium erklären? Und wenn sie umkehrt, dann taufe sie mit Wasser und dem Heiligen Geist und mache sie zu einem Jünger.“ Was denkst du, was geschehen würde? Ich denke, der Christ würde nicht wissen, was er zu tun hat. Ein echter und ausgebildeter Jünger Jesu würde ihn jedoch gern zu einem Jünger machen, denn dies gehört zu dem Auftrag, den Jesus uns gegeben hat.

Heute steht ein großer Geist der Angst zwischen der Kirche und der Welt. Wir können ihn nur aus dem Weg räumen, indem wir anfangen, täglich Leute zu Nachfolgern zu machen, so wie Jesus es uns gelehrt hat.

Schau dir die Christen an, die seit zehn oder fünfzehn Jahre in der Kirche sitzen, und stell dir die Frage, ob sie fähig sind, das zu tun, worüber ich gesprochen habe. Wenn deine Antwort nein ist, dann weißt du, dass sich das auch in Zukunft nicht ändern wird, falls sie die nächsten 10 oder 15 Jahre so weiter machen, wie bisher. Wir sind oft so naiv und denken, Dinge würden sich ändern, wenn wir sie noch ein wenig länger auf dieselbe Weise machen. Ich bin überzeugt davon, dass, wenn jetzt keine Veränderung geschieht, sie auch in Zukunft nicht geschehen wird, solange wir alles so lassen, wie es ist.

Wenn uns klar wird, dass wir hauptsächlich durch Vorbilder lernen, werden wir verstehen, dass es extrem wichtig ist, mit welchen Menschen wir unsere Zeit verbringen. Die meisten Dinge werden wir nicht dadurch lernen, dass wir den Predigern in der Kirche zuhören. Vielmehr werden wir durch all die anderen beeinflusst, zu denen wir in der Kirche oder in unserem täglichen Leben eine Beziehung haben. Es ist wie in der Geschichte mit dem Entlein, dass zum ersten Mal seine Augen öffnet. Es denkt, dass das Erste, was es sieht, seine Mutter ist. Ebenso ist es, wenn wir wiedergeboren und unsere geistlichen Augen geöffnet werden. Wir sehen das Christentum um uns herum und halten es für „real" und „normal". Natürlich lässt sich das ändern, doch ist das nicht so einfach.

Wenn du einer Gemeinschaft beitrittst, in der viele in Sünde leben, dann ist das Risiko groß, dass du dasselbe tun wirst. Wenn du aber Teil einer Gemeinschaft wirst, in der Leute für den Herrn brennen und ihm in Wort und Tat dienen, dann wirst auch du ziemlich sicher für ihn in Brand gesetzt. Die Wahrheit ist, dass wir durch das lernen, was wir um uns herum sehen und erleben, und dass wir uns meist unserem Umfeld anpassen.

Es ist sehr wichtig, Beziehungen zu Leuten aufzubauen, die wahrhaftige und brennende Nachfolger Jesu sind. In den ersten christlichen Gemeinschaften war es so, dass man nicht einfach direkt von der Straße kommen und Teil der Gemeinschaft werden konnte. Es brauchte einen Beweis, dass man wahrhaftig umgekehrt war und recht vor dem Herrn lebte. Die Bibel macht klar, dass dies auch heute noch so sein sollte. Wir sollten das Böse aus unserer Mitte entfernen, da ein wenig Sauerteig den ganzen Teig durchsäuert (vgl. 1 Kor 5,6).

> *Jetzt aber habe ich euch geschrieben, dass ihr keinen Umgang haben sollt mit jemand, der sich Bruder nennen lässt und dabei ein Unzüchtiger oder Habsüchtiger oder Götzendiener oder Lästerer oder Trunkenbold oder Räuber ist; mit einem solchen sollt ihr nicht einmal essen. Denn was gehen mich auch die an, die außerhalb [der Gemeinde] sind, dass ich sie richten sollte? Habt ihr nicht die zu richten, welche drinnen sind? Die aber außerhalb sind, richtet Gott. So tut den Bösen aus eurer Mitte hinweg!* (1 Kor 5,11-13).

Das ist extrem wichtig. Immer wieder bin ich überrascht, wie neue Christen wachsen, wenn sie in einer Gemeinschaft sind, wo die Leute Jesus von ganzem Herzen lieben. Ich habe Leute gesehen, die auf die Straßen gegangen sind und evangelisiert und für Kranke gebetet haben – Leute, von denen ich aufgrund ihrer Persönlichkeit so etwas nie erwartet hätte. Nachdem sie sich aber einer Gemeinschaft angeschlossen hatten, in der viele dies so taten, war es das Natürlichste für sie, dasselbe zu tun. Welches „Christsein" wir als Erstes erleben, das sehen wir als normal an. Deshalb müssen wir Gemeinschaften bilden, in denen es normal ist, Jesus in Wort und Tat zu dienen. Auf diese Weise werden wir von unserem Umfeld lernen und die Menschen, mit denen wir in Verbindung stehen, wirklich beeinflussen.

Kapitel 16

Die zwei Spiegel

Die Bibel spricht von zwei Spiegeln bzw. eigentlich eher von zwei verschiedenen Möglichkeiten wie man in einen Spiegel schauen kann. Die eine Möglichkeit finden wir im 2. Korintherbrief:

> *Deshalb schauen wir alle die Herrlichkeit des Herrn mit aufgedecktem Gesicht an. Wir sehen sie wie in einem Spiegel und werden so seinem Bild immer ähnlicher, denn seine Herrlichkeit verwandelt uns. Das alles bewirkt der Geist des Herrn* (2 Kor 3,18 NeÜ).

In diesem Beispiel wird Gottes Wort mit einem Spiegel verglichen. Wenn wir Gottes Wort lesen, werden wir in genau das Bild verwandelt, das wir darin erkennen, das Bild, worüber es spricht. Es gibt aber noch ein anderes Beispiel in der Bibel, das darüber spricht, wie wir in einen Spiegel schauen können:

> *Hört euch diese Botschaft nicht nur an, sondern handelt auch danach; andernfalls betrügt ihr euch selbst. Denn wer sich 'Gottes` Botschaft zwar anhört, aber nicht danach handelt, gleicht jemand, der sein Gesicht im Spiegel betrachtet und der, nachdem er sich betrachtet hat, weggeht und sofort wieder vergisst, wie er ausgesehen hat. Wer sich jedoch in das vollkommene Gesetz vertieft, das Gesetz der Freiheit, und es ständig vor Augen hat, wer also das Gehörte nicht vergisst, sondern es in die Tat umsetzt, der ist glücklich zu preisen, denn er wird gesegnet sein bei allem, was er tut* (Jak 1,22-25 NGÜ).

In diesem zweiten Beispiel sehen wir wieder Gottes Wort mit einem Spiegel verglichen. Anders jedoch als im ersten Beispiel, wo die

Person in den Spiegel schaut und in das Bild von zunehmender Herrlichkeit verwandelt wurde, lesen wir hier über jemanden, der in den Spiegel schaut, aber sobald er sich umdreht, vergisst, was er gesehen hat. Was ist der Unterschied zwischen diesen beiden Personen? Warum wird die eine Person in das verwandelt, was sie gehört hat, während die andere Person das Wort zwar hört, sich aber nicht verändert. Die Antwort dazu finden wir in Vers 25:

> *Wer sich jedoch in das vollkommene Gesetz vertieft, das Gesetz der Freiheit, und es ständig vor Augen hat, wer also das Gehörte nicht vergisst, sondern es in die Tat umsetzt, der ist glücklich zu preisen, denn er wird gesegnet sein bei allem, was er tut* (Jak 1, 25 NGÜ).

Diese Bibelverse zeichnen ein klares Bild über das Hauptproblem, dem die Kirchen heutzutage gegenüberstehen: Sie sind auf die Vorstellung aufgebaut, dass Lehre allein Menschen verändern kann. Lehre an sich ist jedoch kraftlos, wenn wir nicht entsprechend dem handeln, was wir gehört haben! Durch das, was wir hören, werden wir nicht gesegnet oder verändert, sondern durch das, wir mit dem Gehörten tun! Viele Christen sitzen Sonntag für Sonntag, Jahr für Jahr in der Kirche und hören den Predigten zu, aber es gibt keine bedeutsamen Veränderungen in ihren Leben. Sie sind zu der Überzeugung gelangt, in ihrem Leben würde etwas geschehen, wenn sie einfach weiter in die Kirche kommen und den richtigen Lehren zuhören würden. Das aber ist eine Lüge! Jakobus sagte, dass wir uns selbst betrügen, wenn wir nicht tun, was wir hören. Wir betrügen uns selbst, wenn das Gehörte uns nicht verändert. Wir mögen treu jeden Sonntag zur Kirche gehen, aber sobald wir wieder gehen, vergessen wir augenblicklich, was wir gehört haben. Wenn wir eine Woche später gefragt werden, ob es ein guter Gottesdienst war oder nicht, sagen wir ja, aber wenn wir gefragt werden, um was es denn ging, können wir uns nicht daran erinnern.

Damit wir gesegnet werden und sich unser Leben wirklich verändert, reicht es nicht, einfach nur das Wort zu hören. Gesegnete sind wir nur dann, wenn wir Täter des Wortes werden. Wenn wir glauben, dass Lehre allein uns verändert, dann betrügen wir uns selbst. Wenn wir einer Lehre zuhören und daraufhin nicht handeln, sind wir wie der Mensch, der sich in einem Spiegel betrachtete, aber gleich wieder vergaß, wie er aussah. Wir hören eine Botschaft, doch sobald der Gottesdienst vorüber ist, vergessen wir sie wieder.

Hätte ich die Kirche nie verlassen, in der ich war, wäre ich wohl kaum dort, wo ich heute bin. Ich behaupte nicht, dass ich in jener Kirche nicht gut gelehrt worden bin, denn ich wurde gut gelehrt, aber das ganze System machte es mir unglaublich schwer, das, was ich gehört hatte, zu tun. Stell dir vor, du sitzt in einer Kirche und hörst etwas, wovon du weißt, dass du es tun sollst. Sobald du jedoch durch die Kirchentür in die große weite Welt hinausgegangen bist, findest du dich in dieser Sache vollkommen alleine wieder und plötzlich ist es schwierig. Wir sind wie der Auszubildende, der nur in der Schule war, aber das Gelernte nie angewendet hat. Darum müssen wir zurückkommen zu dem, wie Jesus es getan hat, und sagen: „Komm, folge mir nach." „Komm und sieh, was ich tue, und fange an, dasselbe zu tun, während ich an deiner Seite bin."

Über viele Jahre dachte ich, dass sich die Leute in der Kirche zusammenreißen und anfangen sollten, ihr Christenleben täglich zu leben. Inzwischen habe ich jedoch erkannt, dass dies sehr schwierig ist, solange wir Kirche weiter so betreiben, wie viele es heute tun. Seit wir begonnen haben mit kleinen Hausgemeinschaften zu arbeiten, haben wir erlebt, dass Menschen geistlich gewachsen sind wie nie zuvor. Frischbekehrte wachsen in kurzer Zeit auf ein Niveau, das Leute haben, die für viele Jahre die Kirche besucht haben. Ich habe erlebt, dass Frischbekehrte, die erst wenige Wochen gerettet waren, Leute zu Christus geführt, sie getauft und mit ihnen um die Geistestaufe gebetet haben. Ich habe erlebt, dass Christen, die erst wenige Monate gerettet waren, das Wort sowohl mit anderen Christen als auch mit Nichtchristen geteilt haben, als seien sie schon viele Jahre zur Kirche gegangen. Aufgrund ihrer Vorbilder konnten sie so schnell wachsen. Ich frage nochmals: „Wie viele Leute kennen wir, die 10 oder 15 Jahre zur Kirche gegangen sind und immer noch nicht in der Lage sind, das Wort weiterzugeben, zu taufen und um die Taufe im Heiligen Geist zu beten? Wie viele kennen wir, die nach 10 oder 15 Jahren immer noch Milch von anderen benötigen (Hebräer 5,11-14), weil sie sich selbst nicht ernähren können?“

Wir können die nächsten 10 oder 15 Jahre die Gottesdienste weiterhin so gestalten wie bisher, ohne dass sich etwas verändern wird, aber wenn wir wachsen und auch erleben wollen, dass andere wachsen, müssen wir die Art, wie wir Kirche betreiben, ändern. Wir wollen unser Leben auf den Felsen bauen. Es geht nicht, dass wir das Wort nur hören, sondern wir müssen auch Täter werden, so wie es Jesus im Gleichnis vom klugen und vom törichten Bauherrn erzählte. Beachte, dass in diesem Gleichnis der Unterschied nicht in dem liegt, was sie hören, sondern in dem, was sie tun.

> *„Ein jeder nun, der diese meine Worte hört und sie tut, den will ich mit einem klugen Mann vergleichen, der sein Haus auf den Felsen baute. Als nun der Platzregen fiel und die Wasserströme kamen und die Winde stürmten und an dieses Haus stießen, fiel es nicht; denn es war auf den Felsen gegründet. Und jeder, der diese meine Worte hört und sie nicht tut, wird einem törichten Mann gleich sein, der sein Haus auf den Sand baute. Als nun der Platzregen fiel und die Wasserströme kamen und die Winde stürmten und an dieses Haus stießen, da stürzte es ein, und sein Einsturz war gewaltig“* (Mt 7,24-27).

Die Bibel bestätigt, was die Forschung aufzeigt. Wir lernen und verändern uns am einfachsten durch das, was wir tun. Das Folgende ist es Wert, noch einmal wiederholt zu werden. Wir erinnern uns an

- 10 % von dem, was wir gelesen haben,
- 20 % von dem, was wir gehört haben,
- 30 % von dem, was wir gesehen haben,
- 50 % von dem, was wir hören und sehen,
- 70 % von dem, was wir selbst sagen,
- 90 % von dem, was wir selbst tun.

Wenn ich lehre, hoffe ich, dass die Zuhörer davon profitieren. Ich hoffe, dass du davon profitierst, dieses Buch zu lesen. Es ist allerdings unwahrscheinlich, dass du von diesem Buch so stark profitierst, wie ich. Laut der Forschung können sich meine Zuhörer zwanzig Prozent von dem merken, was ich lehre. Aber für mich als Lehrer ist es total anders. Zuerst bete ich über das, was ich mitteilen soll. Dann denke ich darüber nach und studiere es, und erst, wenn es wirklich ein Teil von mir geworden ist, spreche ich darüber. Das heißt, ich profitiere viel mehr davon als diejenigen, die zuhören. Jeder, der schon einmal versucht hat zu lehren, weiß, wovon ich spreche. Es gehört viel mehr dazu, selbst über etwas zu sprechen, als jemandem nur zuzuhören.

Deshalb müssen wir eine neue „Plattform" finden, wo jeder die Gelegenheit hat, etwas weiterzugeben, und das nicht nur um der Zuhörer willen, sondern um derer willen, die sprechen.

Wenn ich einen Christen ermutigen möchte, in dieser Woche mehr in der Bibel zu lesen und mehr zu lernen als in der vergangenen Woche, bitte ich ihn, beim nächsten Treffen etwas mitzuteilen. Deshalb wird er Gott suchen, tief ins Wort eindringen, lesen und studieren, damit er etwas weitergeben kann. Wenn er ein Thema gefunden hat, wird er anfangen, darüber nachzudenken und zu meditieren, bis die Zeit für ihn gekommen ist, es mitzuteilen. Fragen wir am nächsten Tag die Zuhörer, an was sie sich erinnern können, werden sie sich an irgendetwas erinnern. Wenn ich aber ihn frage, könnte er mir die ganze Botschaft noch einmal weitergeben. Das ist der Grund, warum ich an kleine Versammlungen und Gemeinschaften glaube, wo jeder die Gelegenheit bekommt, etwas beizutragen – genauso, wie es in den ersten Gemeinschaften war.

Kapitel 17

Ausgerüstet zum Dienst

Nachdem Jesus in den Himmel aufgenommen wurde, lehrten die Christen weiterhin nach Jesu Art und Weise. Die Gaben, die Jesus hatte, wurden in der Gemeinschaft so aufgeteilt, dass wir sogar heute noch als Leib Christ hier auf Erden wirken können.

> *Und er hat die einen als Apostel gegeben und andere als Propheten. Er gab Evangelisten, Hirten und Lehrer, damit sie die, die Gott geheiligt hat, zum Dienst ausrüsten und so der Leib des Christus aufgebaut wird mit dem Ziel, dass wir alle die Einheit im Glauben und in der Erkenntnis des Sohnes Gottes erreichen; dass wir zu mündigen Christen heranreifen und in die ganze Fülle hineinwachsen, die Christus in sich trägt. Dann sind wir keine unmündigen Kinder mehr, die sich vom Wind aller möglichen Lehren umtreiben lassen und wie Wellen hin- und hergeworfen werden. Dann fallen wir nicht mehr auf das falsche Spiel von Menschen herein, die andere hinterlistig in die Irre führen* (Eph 4,11-14 NEÜ).

Hier werden die Dienstgaben (Apostel, Propheten, Evangelisten, Hirten und Lehrer) aufgeführt, die Jesus uns gegeben hat und die wir den fünffachen Dienst nennen. Der Zweck des fünffachen Dienstes ist es, die Heiligen zum Dienst zuzurüsten, genau wie es hier steht.

Die Aufgabe eines Evangelisten ist es nicht, einfach nur auf die Straßen zu gehen und das Evangelium zu verkünden. Seine Hauptaufgabe ist, Gläubige zum Evangelisieren und Dienen auszurüsten. Dasselbe gilt für Lehrer: Die Aufgabe eines Lehrers ist es nicht, nur

Gläubige zu lehren, sondern Gläubige dafür zuzurüsten, selbst das Wort zu studieren und weiterzugeben. Es ist wichtig, dass wir das richtig verstehen, ansonsten wird die Gemeinschaft nicht so wachsen, wie sie sollte.

Fälschlicherweise glauben heutzutage viele Leute, es sei Aufgabe eines Evangelisten, hinauszugehen und das Evangelium zu verkündigen, damit andere Christen das nicht tun müssen. Viele glauben, dass Lehrer lehren sollen, damit wir Gottes Wort nicht für uns selber lesen müssen, und dass Propheten prophezeien sollen, sodass wir nicht selber auf Gott hören müssen. Aber das ist überhaupt nicht, was das Neue Testament uns lehrt.

Es ist wahr, dass nicht jeder als Evangelist, Lehrer, Prophet usw. berufen ist, aber jeder Christ sollte lernen, wie er anderen von Christus erzählen, andere lehren, prophezeien usw. kann. Das gehört zum Dienst, den jeder bekommen hat. Der fünffache Dienst wurde der Kirche gegeben, um Heilige zuzurüsten, damit sie ihren Dienst tun können. Zu dienen bedeutet zuallererst, dass wir als Christi Repräsentanten auf die Erde hinausgesandt sind (vgl. 2 Kor 5,20). Wenn wir Jesu Jünger sind, leben wir an jedem Tag unseres Lebens mit ihm.

> *Und Gott hat in der Gemeinde etliche eingesetzt, erstens als Apostel, zweitens als Propheten, drittens als Lehrer; sodann Wunderkräfte, dann Gnadengaben der Heilungen, der Hilfeleistung, der Leitung, verschiedene Sprachen* (1 Kor 12,28).

Hier ist sie wieder, die Liste einiger der Dienste, die Gott der Kirche gegeben hat. Hier ein Beispiel dafür, wie das heute funktionieren kann:

- Sind alle Evangelisten? *Nein.*
- Können alle evangelisieren und anderen von Jesus erzählen? *Ja!*
- Hat jeder die Gabe des Heilens? *Nein.*
- Sagt die Bibel, dass jeder für Kranke beten kann, damit sie gesund werden? *Ja!*

Und wie funktioniert das? Beispielsweise arbeite ich als Evangelist und habe die Gabe, Kranke zu heilen, doch der Grund, warum Gott mir diese Gaben gegeben hat, ist nicht, damit mich jeder auf einer

Bühne sehen kann, wo ich das Evangelium verkündige und Kranke heile. Das kann zwar ein Teil davon sein, aber als Evangelist ist das nicht meine vorrangige Aufgabe. Ich wurde der Gemeinschaft gegeben, damit ich Heilige mit den Gaben zurüste, die Gott mir gegeben hat. In der Hausgemeinschaft, zu der wir dazugehören, erzählen täglich etwa neunzig Prozent der Leute anderen von Jesus. Dasselbe gilt für die Gabe des Heilens: Ungefähr neunzig Prozent der Leute dieser Gemeinschaften haben für eine kranke Person gebetet und erlebt, dass sie geheilt wurde.

Diese Zahlen sind deutlich höher als anderswo. Der einzige Unterschied ist, dass wir in den Hausgemeinden die Gaben, die Gott uns gegeben hat, viel mehr gebrauchen als diejenigen, die in traditionellen Kirchen sitzen. Die Leute in den Hausgemeinden gebrauchen ihre Gaben, um durch die Kraft des Vorbilds Jünger zu machen, so wie Jesus. Sie gebrauchen ihre Gaben, um die Heiligen zuzurüsten, damit diese dienen können. Das umfasst, neben anderem, auch, von Jesus zu erzählen und Kranke zu heilen.

Vor vielen Jahren wurde ich gebeten, bei einer Bibelfreizeit einen Workshop abzuhalten. Ich entschied, dass meine Lehreinheit „Heilen von Kranken – eine Stunde genügt" heißen sollte. Es war eine kurze Lektion über das, was die Bibel zum Thema Krankenheilung sagt, mit einer praktischen Anwendung. Ich wollte ein aktuelles Zeugnis dazu und nicht nur leere Worte, als ich sagte, es würde nur eine Stunde dauern, um zu „lernen", wie man Kranke heilt.

Darum nahm ich einen Tag zuvor Kontakt mit einem neuen Christen auf, der erst vor einem Monat gerettet wurde. Als ich ihn fragte, ob er eine Stunde Zeit für mich hätte und ob er für Kranke beten wolle, und sie geheilt sehen wollte, stimmte er zu. Ich schaute auf die Uhr, und es war genau 15.36 Uhr. Ich sagte ihm, dass wir am gleichen Ort bleiben würden und bis 16.36 Uhr würde er das Evangelium von Jesus weitergegeben, für eine kranke Person gebetet und eine Krankenheilung gesehen haben.

Wir setzten uns ins Auto und fuhren in die Stadt. Auf dem Weg gab ich ihm eine kurze Lektion über das Beten mit Kranken. Als wir ankamen, sagte ich: „Komm, folge mir!" Wir gingen ein wenig umher, und dann fing ich an, mit ein paar Leuten auf der Straße zu reden.

Der Mann folgte mir und sah, was ich sagte und tat. Eine Frau hatte Rückenschmerzen, und ich betete für sie. Danach sagte ich zu diesem neuen Christen: „Komm, jetzt bist du dran." Wir gingen umher und ich versicherte ihm, er müsse nur das Gleiche tun, was er bei mir gesehen hatte. Ich sah einen jungen Mann und hatte den Eindruck, dass wir zu ihm hingehen sollten. Ich sagte dem jungen Christen, was er sagen solle. Er legte seine Hände auf den jungen Mann und betete für ihn. Das Knie des Mannes war augenblicklich geheilt und beide jungen Männer waren begeistert von dem, was sie gerade erlebt hatten.

Innerhalb dieser Stunde wurden vier Leute geheilt und wir erzählen das Evangelium noch mehr Leuten. Der junge Christ betete für zwei Leute und ich für zwei Leute. Er war extrem begeistert und ging auf der Bibelfreizeit umher und erzählte den Leuten, was gerade passiert war, obwohl ich ihn gebeten hatte, niemandem davon zu erzählen. Das erinnert mich an Jesu Jünger, die auch nicht über das schweigen konnten, was sie alles erlebten.

> *Und sie ließen sie rufen und geboten ihnen, überhaupt nicht mehr in dem Namen Jesus zu reden noch zu lehren. Aber Petrus und Johannes antworteten ihnen und sprachen: „Entscheidet ihr selbst, ob es vor Gott recht ist, euch mehr zu gehorchen als Gott! Denn es ist uns unmöglich, nicht von dem zu reden, was wir gesehen und gehört haben!"* (Apg 4,18-20).

Dieser junge Christ lernte eine Lektion, die er nie vergessen wird. Es gibt nichts, was so viel Spaß macht, wie zu erleben, dass Gott durch dich wirkt! Nochmals: Wir erinnern uns viel mehr an das, was wir tun, als an das, was wir nur hören.

Dies ist nur ein Beispiel dafür, wie wir heute lehren sollten. Wenn wir anfangen, diese Lehrmethoden in unseren Gemeinschaften anzuwenden, werden Leute wachsen wie noch nie. Nun stell dir einmal einen Moment lang vor, dass der gesamte fünffache Dienst auch so arbeiten würde. Es gäbe kein Limit für das, was passieren könnte. Dort, wo alle Gaben zusammenwirken, würde die Gemeinschaft in ausgewogener Weise wachsen wie nie zuvor.

Was der junge Christ in nur einer Stunde gelernt hatte, können viele Christen nach zehn Jahren in der Kirche immer noch nicht tun. Sie haben gehört, dass sie anderen über Jesus erzählen sollten, und sie wissen, dass sie für Kranke beten können, aber tun sie es? Nein! Oft tun sie es nicht, weil der Schritt vom Sitzen in der Kirchenbank zum Praktizieren des Gehörten in der Welt einfach zu groß ist. Sie sind voller Angst, und ich kann ihnen keinen Vorwurf machen. Sie brauchen jemanden, der sie zurüstet. Ihnen fehlt ganz einfach Jüngerschaft. Du wirst nicht zu einem Jünger, nur weil du jahrein, jahraus in der Kirche sitzt und Lehren zuhörst. Du wirst erst dann zu einem Jünger, wenn dich jemand an der Hand nimmt und sagt: „Komm, folge mir!“

Es geht darum, Zeit und Leben miteinander zu teilen, darum, von reiferen Nachfolgern gelehrt zu werden, mit denen man Zeit verbringt. Ein Jünger ist jemand, der wiederum andere zu Jüngern macht. Als Jünger sollten wir von denen lernen, die mehr Erfahrung darin haben, täglich die Nachfolge als Christ zu praktizieren. Wir sollten von ihnen lernen, ein Ehemann oder eine Ehefrau zu sein, Kinder großzuziehen, uns um unser Haus zu kümmern, zu geben, anderen zu helfen usw. Dieses Prinzip ist auf alle Bereiche des Lebens anwendbar, nicht nur auf das Zeugnisgeben oder das Gebet für Kranke. Wir müssen damit anfangen, biblische Gemeinschaften zu bauen, Gemeinschaften, die Leute zu Jüngern machen, weil es das ist, was Jesus uns aufgetragen hat.

An jenem Tag passierten mehrere Dinge auf dieser Bibelfreizeit. Außer den vier Leuten, die geheilt wurden, hatte der junge Christ einen Tag, den er nicht so schnell vergessen wird. Es gibt nichts Schöneres, als von Gott gebraucht zu werden. Das müssen wir immer wieder erleben, damit wir weiter brennen und uns lebendig fühlen. Als der junge Christ für die letzte Person, die in dieser Stunde geheilt wurde, betete, ließ ich ihn alles selbst machen. Um seinetwillen ging ich ein gutes Stück weiter weg, damit er wusste, dass die Heilung nichts mit mir zu tun hatte und dass er bereits „ausgebildet“ worden war und es nun selbst tun konnte, ohne dass ich dabei war. Und genau das tat er auch, selbst als ich schon wieder weggefahren war.

Einige Leser finden dieses Vorgehen vielleicht robotermäßig und viele haben Probleme damit, dass ich sage: „Ich lehre die Leute zu heilen“, da nur Gott heilen kann. Das sehe ich genauso; nur Gott kann heilen! Aber er hat seiner Gemeinde diese Gabe gegeben, damit wir

Christen hier auf der Erde sein Werk auf jeden Fall fortführen. Es mag manchen seltsam scheinen, dass ich diesen jungen Christen gelehrt habe, nur um eine Veranschaulichung dafür zu haben, worüber ich am nächsten Tag reden wollte. Selbst wenn es so aussehen mag, ist es aber doch so, dass Gott mit dabei war. Er hat seinen Willen ein für alle Mal klar gemacht:

> *Und heilt die Kranken, die dort sind, und sagt zu ihnen: Das Reich Gottes ist nahe zu euch herbeigekommen!* (Lk 10,9).

Der Beweis dafür, wie sehr Gott an dem allem beteiligt war, kam am selben Abend. Ich ging zu einem Treffen, wo die Lobpreisleiterin plötzlich fragte, ob wir mit ihr für ihren Sohn beten könnten, der nicht mit Gott lebte. Sein Name war Jeppe. Die ganze Gemeinschaft fing an, für ihn zu beten. Als ich den Namen hörte, dachte ich: „Jeppe? Wir haben heute für jemanden mit dem Namen Jeppe gebetet." Als die Lobpreisleiterin von der Plattform herunterkam, fragte ich sie, ob ihr Sohn ein Problem mit seinem großen Zeh habe. Sie schaute mich völlig schockiert an und sagte: „Ja!" Dann sagte ich: „Aber jetzt nicht mehr!" Ich erzählte ihr, dass wir ihren Sohn getroffen hatten und der junge Christ für ihn gebetet habe, sodass er geheilt wurde. Dies alles bestätigte, dass mein kleines „Experiment" eigentlich die Antwort auf die Gebete anderer Leute war.

Wenn wir erleben wollen, dass Leute geistlich wachsen und dem Herrn in ihrem Alltag dienen, dann müssen wir die Gaben, die Gott der Gemeinschaft gegeben hat, auch gebrauchen. Durch die Kraft des Beispiels können Christen innerhalb einer Stunde lernen, das zu tun, was viele auch nach 10 oder 15 Jahren „In-die-Kirche-Gehen" nicht wagen würden. Wollen wir diese Gaben nutzen und wieder zum Arbeiten und Trainieren durch Vorbilder zurückkehren, sodass die Angst verschwindet?

Wenn wir es wagen, hinter uns zu lassen, was wir gewohnt sind und als normal ansehen, werden wir erleben, dass eine Gemeinschaft heranwächst, in der die Leute in aller Freiheit als Jünger Jesu Christi im Alltag leben.

Es gibt viele verschiedene Dienste und Gaben in der Gemeinschaft. Ich sage nicht, dass jeder dieselben Dinge tun sollte, wie ich sie tue.

Ich sage, dass ich, genau wie viele andere auch, der Gemeinschaft gegeben worden bin, um Gläubige zu trainieren.

Es ist ernüchternd zu sehen, dass ein frischbekehrter junger Mann innerhalb einer Stunde mehr erlebt hat als viele Christen in jahrelanger Kirchenmitgliedschaft. Vorwärtsgehen bedeutet, diese Gaben wieder auf die rechte Art und Weise zu gebrauchen. Die Leute in der Kirche werden nicht dadurch ausgerüstet, dass sie herumsitzen und dabei zusehen, wie ein Evangelist eine Evangelisation nach der anderen abhält oder ein Prophet eine Prophetie nach der anderen gibt. Nein, der fünffache Dienst muss Gläubige zurüsten, sodass jeder anfangen kann, nicht nur seine Gaben zu gebrauchen, sondern auch andere zu lehren, dasselbe zu tun. Und wenn wir uns nur am Sonntagmorgen für ein paar Stunden treffen, können wir uns kaum helfen, als Jünger Jesu zu wachsen. Wenn Leute lernen sollen, ein verbindliches Leben mit Gott und seinem Wort zu leben, dann müssen wir Zeit mit ihnen verbringen und sie durch unser Vorbild trainieren.

Möge Gott in unseren Ländern Vorbilder heranziehen, damit die Gemeinschaft so wachsen kann, wie sie sollte.

Kapitel 18

Der fünffache Dienst

Was würde geschehen, falls ein neuer Christ einer Gemeinschaft angehören würde, in der er anderen Jüngern täglich folgen und sowohl von ihrem Leben als auch von dem fünffachen Dienst, den Gott der Kirche gegeben hat, lernen würde? Er würde rekordverdächtig wachsen, genauso wie es in den ersten Gemeinden der Fall war, die kleine, eigenständige Hausgemeinschaften waren. Diese eigenständigen, aber nicht unabhängigen Hausgemeinschaften, waren durch den fünffachen Dienst miteinander verbunden. Diejenigen, die im fünffachen Dienst tätig sind, sollten eigentlich in einem Reisedienst stehen. Neue Christen lernten meistens von anderen Jüngern in der Gemeinschaft, aber manchmal kamen Diener vorbei, die einen Reisedienst hatten, und trugen ihren Teil zum Ausrüsten bei.

Das spiegelt wider, was Paulus der Gemeinde in Rom sagte:

> *Denn mich verlangt danach, euch zu sehen, um euch etwas geistliche Gnadengabe mitzuteilen, damit ihr gestärkt werdet, das heißt aber, dass ich mitgetröstet werde unter euch durch den gegenseitigen Austausch eures und meines Glaubens* (Röm 1,11-12).

Paulus besuchte verschiedene Gemeinschaften, um sie durch die ihm verliehenen „Gnadengaben" zu stärken. Der fünffache Dienst war hauptsächlich ein Reisedienst. Ein Hirte (oder Pastor) übte seinen Dienst nicht wie bei uns heute nur in einer einzigen Gemeinschaft aus, sondern besuchte immer wieder verschiedene eigenständige Gemeinschaften, weil er sich in besonderer Weise um sie kümmerte, sodass sie sich wiederum besser umeinander kümmern konnten.

Die kleinen Gemeinschaften, die wir in der Bibel sehen, wurden von denen geleitet, welche die Schrift „Älteste“ und „Aufseher“ nennt. Sie wurden auch „Bischöfe“ genannt. Das Problem ist, dass wir diesen Begriffen unsere eigenen Bedeutungen gegeben haben. Wenn ich „Pastor“ sage, denkst du automatisch an eine Person, die eine Kirche leitet, in einem Gebäude anzutreffen ist und jeden Sonntag einen Gottesdienst abhält. Aber diese Definition finden wir in der Bibel nicht.

Die Bibel gibt uns keine klaren Beschreibungen zu den verschiedenen Diensten des fünffachen Dienstes. Nur in Geschichtsbüchern können wir mehr Informationen dazu finden. Vieles, was wir mit diesen Diensten verbinden, stammt aus unserer kirchlichen Kultur.

Ich weiß noch, wie vor ein paar Jahren jemand zu mir kam und mir sagte, ich solle keinesfalls eine Gemeinschaft beginnen. Die Begründung war, ich sei kein Pastor, sondern ein Evangelist, und Evangelisten seien nicht dazu bestimmt, Gemeinschaften zu gründen. Weil ich glaubte, was er sagte, schlug ich mich lange Zeit damit herum. Eines Tages war ich in Kopenhagen zusammen mit sieben Leuten aus sieben verschiedenen Ländern, die alle für eine Organisation mit dem Namen „DAWN“ arbeiteten. „DAWN“ bedeutet „Disciple A Whole Nation“ („Eine ganze Nation zu Jüngern machen“). Das Hauptziel von DAWN ist es, den ganzen Leib Christi zu mobilisieren und viele Mitarbeiter auszurüsten, um viele Gemeinden zuzurüsten, damit diese viele weitere Gemeinden gründen können. Als ich sie traf, fragte mich einer, was mein Dienst sei. Da schaute ich auf den Boden und antwortete, dass ich vermutlich ein Evangelist sei. Zu meiner totalen Überraschung sagte er: „Fantastisch! Wir haben einen großen Bedarf an Evangelisten, die Gemeinschaften gründen, da Pastoren nicht wirklich dazu berufen sind.“

Seine Antwort schockierte mich. Zu diesem Zeitpunkt fühlte ich mich ziemlich niedergeschlagen, da Leute mir eben erst gesagt hatten, es sei Rebellion, wenn ich eine Gemeinschaft gründen würde. In Dänemark leben wir in einer Art Seifenblase. Wir tun Dinge, ohne sie zu hinterfragen, und sobald jemand etwas anders macht, ist er rebellisch und sollte wieder auf seinen Platz verwiesen werden. Und das, obwohl Leute außerhalb unserer kleinen Seifenblase genau das tun, was er tun wollte. Hausgemeinschaften sind in Wirklichkeit die am schnellsten wachsende Gemeindebewegung auf der ganzen Welt. Doch viele Kirchen und Gemeinden erkennen das nicht und verstehen nicht, dass sie gegen den Trend ankämpfen. Was ich zu sagen versuche, ist, dass wir uns nicht so sehr darauf konzentrieren sollten, welchen Dienst eine Person hat, sondern einfach tun sollten, was uns aufgetragen ist, ohne uns über Titel Gedanken zu machen.

Als ich gerettet wurde, war nur eine Sache auf meinem Herzen: Ich wollte Nichtchristen erreichen. Die Christen um mich herum sagten damals nichts dazu, aber als mein Dienst wuchs, änderten sich mein Fokus und mein Herz. Heute sehe ich mich nicht mehr hauptsächlich als Evangelist, sondern eher als Apostel, was mir viele bestätigt haben.

Das ganze Thema Berufung und Dienst ist etwas, in das wir hineinwachsen, und die Dinge verändern sich mit der Zeit. Du kannst zu einem Zeitpunkt den einen Dienst haben und ein paar Jahre später einen anderen. Viel zu oft stecken wir einander in Schubladen und definieren die Dienste auf Basis unserer Kirchenkultur und nicht aufgrund von dem, was wir in der Bibel lesen. Dazu ein Beispiel:

Wenn ich den Begriff „Apostel" gebrauche, was kommt dir dazu in den Sinn? Ich glaube, dass die meisten von uns denken, dass es sich um eine wichtige Person handelt, die möglicherweise die höchste Position in der Kirche hat. Falls es bei dir auch so ist, wird es dir vermutlich schwerfallen zu akzeptieren, dass ich mich selber als Apostel sehe, und hast vielleicht gedacht: „Wie kann er nur so etwas behaupten? Was denkt er, wer er ist?" Das zeigt nur, wie wir denken. Ich habe das geschrieben, um aufzuzeigen, dass wir Begriffe meist auf dem Hintergrund unsrer Kultur, anstatt aufgrund der Bibel definieren. Außerdem macht es deutlich, dass wir alle unter Gruppenzwang leiden und uns dadurch gegenseitig davon abhalten, unser Bestes zu geben. Aber das ist ein Thema für ein andermal.

Wenn wir im Epheserbrief über den fünffachen Dienst lesen, stellt sich die Frage, ob die Dienste nach Wichtigkeit aufgelistet wurden oder auf eine bestimmte Hierarchie hinweisen. Wenn dem so ist, dann wären an oberster Stelle die Apostel, danach die Propheten, dann die Evangelisten, die Hirten und schließlich die Lehrer. Aber wenn sie eine hierarchische Rangfolge wären, warum steht dann im Korintherbrief der

Lehrer an dritter Stelle? Und was ist mit den anderen Diensten, die dort erwähnt werden? Wo stehen sie innerhalb der Hierarchie?

> *Und Gott hat in der Gemeinde etliche eingesetzt, erstens als Apostel, zweitens als Propheten, drittens als Lehrer; sodann Wunderkräfte, dann Gnadengaben der Heilungen, der Hilfeleistung, der Leitung, verschiedene Sprachen* (1 Kor 12,28).

Wo sind die Evangelisten und Pastoren geblieben? Warum wurden Lehrer plötzlich zwei Ränge höher eingestuft? In Wahrheit sollten wir uns nicht zu sehr auf das Thema Bedeutung bzw. Hierarchie konzentrieren. Das Entscheidende ist, dass wir ganz einfach Brüder und Schwestern sind. Was hat Paulus über die Apostel wirklich gesagt?

> *Denn mir scheint, Gott hat uns, die Apostel, auf den letzten Platz gestellt. Wie zum Tod verurteilte Verbrecher stehen wir in der Arena. Für die ganze Welt sind wir ein Schauspiel geworden, für Engel und Menschen. Wir stehen als Narren da, weil wir mit Christus verbunden sind, aber ihr seid durch Christus klug, wir sind schwach, ihr natürlich stark; ihr seid berühmt, wir verachtet. Bis zu diesem Augenblick leiden wir Hunger und Durst und haben nicht genügend anzuziehen, wir werden misshandelt und haben nirgendwo ein Zuhause. Wir plagen uns ab, um mit den eigenen Händen das tägliche Brot zu verdienen. Wenn wir beschimpft werden, segnen wir die Leute, wenn man uns verfolgt, halten wir still aus. Beleidigt man uns, antworten wir freundlich. Bis jetzt sind wir für die ganze Welt wie der letzte Dreck geworden, ein Abschaum für alle* (1 Kor 4,9-13 NeÜ).

Das ist das Bild, das Paulus uns von einem Apostel vor Augen malt, ein Bild, das mit unseren heutigen Vorstellungen nicht so recht zusammenpasst. Heute wird ein Apostel nicht verachtet. Im Gegenteil, er ist oft das Sahnehäubchen auf dem Kuchen. Der Apostel ist derjenige, der mit dem großen Auto abgeholt wird und mitten im Lobpreis eintrifft. Zumindest an einigen Orten ist das so. Das Wort „Apostel“ bedeutet eigentlich „ausgesandt“, aber weißt du, woher es kommt?

Zu Paulus Zeiten bestand ein großer Teil der Bevölkerung aus Sklaven. Ein Drittel der Bevölkerung besaß Sklaven, ein anderes

Drittel waren selbst Sklaven und von den anderen waren viele ehemalige Sklaven. Ein Herr setzte seine Sklaven für verschiedene Aufgaben ein, eine davon war das Überbringen von Botschaften. Heutzutage nutzen wir die Post und Computer, um Nachrichten zu versenden, aber damals war es die Aufgabe eines Sklaven, sich mit einer Botschaft des Meisters auf den Weg zu machen. Das war zu jener Zeit eine gefährliche Aufgabe.

Aus diesem Grund sandte ein Herr oftmals zusammen mit dem Sklaven Soldaten aus, um sicherzustellen, dass sowohl der Sklave als auch die Botschaft sicher ankamen. Manchmal war keine Begleitung verfügbar oder sie war ganz einfach zu teuer. In diesem Fall sandte der Herr den für ihn am wenigsten wichtigen Sklaven aus, denjenigen, den er am wenigsten vermissen würde, falls ihm etwas geschehen sollte. Der Herr wählte also den am wenigsten geachteten Sklaven aus, und das Wort für diese Art Sklaven ist „Apostel“.

Ich bin mir bewusst, dass es nicht das ist, was uns in den Sinn kommt, wenn wir das Wort „Apostel“ hören, aber es unterstreicht, was Paulus über Apostelsein geschrieben hat. Was ich nun aber nicht sage, ist, dass ein Apostel eine geringere Verantwortung hat als andere Diener, weil dem nicht so ist!!

> *... auferbaut auf der Grundlage der Apostel und Propheten, während Jesus Christus selbst der Eckstein ist* (Eph 2,20).

Hier lesen wir, dass es hautsächlich die Apostel und Propheten sind, welche das Fundament einer Gemeinschaft legen. Sie geben dem, was Gott geplant hat, die Richtung vor, was ihnen natürlich eine größere Verantwortung gibt. Auch Lehrer werden aufgrund der Verantwortung, die sie haben – nämlich, niemanden in die Irre zu führen –, strenger beurteilt.

> *Werdet nicht in großer Zahl Lehrer, meine Brüder, da ihr wisst, dass wir ein strengeres Urteil empfangen werden!* (Jak 3,1).

Den verschiedenen Diensten wurden verschiedene Verantwortungen übertragen, und das sollten wir anerkennen, aber eine größere Verantwortung zu haben, bedeutet nicht unbedingt, auch über anderen zu stehen. Wie gesagt, sind wir alle Brüder und Schwestern, und keiner dieser Dienste sollte über den restlichen Leib herrschen. Außerdem gibt es auch im fünffachen Dienst keine Hierarchie; sie stehen Seite an Seite. Sie sollen nicht so über Menschen herrschen, wie wir es heute oft sehen. Diese Dienste sind dazu da, um den Gläubigen zu dienen und sie auszurüsten und um ein Fundament zu legen, damit die Gläubigen etwas haben, worauf sie aufbauen können.

Wenn man jemanden in seinem Haus besucht, sagt man nicht: „Dieses Haus hat aber ein wunderschönes Fundament!“ Das Fundament wird nicht einmal wahrgenommen. Das Einzige, was man bemerkt, ist das Haus selbst. Es ist genauso mit diesen Diensten. Sie sind als Fundament da, und nicht, um alle Ehre für sich in Anspruch zu nehmen.

> *Gemäß der Gnade Gottes, die mir gegeben ist, habe ich als ein weiser Baumeister den Grund gelegt; ein anderer aber baut darauf. Jeder aber gebe acht, wie er darauf aufbaut* (1 Kor 3,10).

Diese Dienste sind dazu da, Gläubigen zu dienen und sie auszurüsten, sodass auch sie dienen können. Das Ziel ist, dass alle Gläubigen zum Dienst zugerüstet werden, und dies sollte die Ausrichtung einer jeden Gemeinschaft sein. Der fünffache Dienst sollte nicht die Aufgabe der Heiligen übernehmen, aber er sollte sie ausrüsten, damit sie es selbst – für den Herrn – tun können.

Deshalb sei frei und tue das, wozu der Herr dich berufen hat!

Kapitel 19

Leitung

Ein großes Thema für Gemeinschaften ist heute die Frage, wie sie wie die frühe Kirche funktionieren können, was die Leitungsstruktur angeht. Meist gleicht die Leitungsstruktur einer Pyramide, wobei ein Leiter ganz oben an der Spitze der Organisation steht. Im Neuen Testament sehen wir aber, dass die Struktur der Kirche sehr flach war.

Am Anfang hatte ich Mühe, diese flache Struktur zu erkennen. Ich kam aus einer Gemeinde mit einer hierarchischen Struktur und glaubte, dass das die einzig richtige Form war. Heute kann ich erkennen, dass die Bibel nur von einer flachen Struktur spricht, sowohl was die Leitung als auch die gesamte Gemeinschaft angeht. Die Pyramidenstruktur, die wir heute in den meisten Gemeinschaften finden, basiert in Wirklichkeit auf dem Alten Testament. Wir können sie im Neuen Testament nicht mehr finden, weil es genau das ist, was Jesus abgeschafft hat.

Wir wollen ein paar Dinge anschauen, die Jesus gesagt und getan hat, die dem, was heute in der Regel praktiziert wird, direkt entgegengesetzt sind. Im Johannesevangelium lesen wir, dass Jesus den Jüngern die Füße wusch. Er tat dies, um ihnen eine Lektion zu erteilen, die sie niemals vergessen würden – eine Lektion über Leitung:

> *Nachdem er nun ihre Füße gewaschen und sein Obergewand angezogen hatte, setzte er sich wieder zu Tisch und sprach zu ihnen: „Versteht ihr, was ich euch getan habe? Ihr nennt mich Meister und Herr und sagt es mit Recht; denn ich bin es auch. Wenn nun ich, der Herr und Meister, euch die Füße gewaschen habe, so sollt auch ihr einander die Füße waschen; denn ein Vorbild habe ich euch*

> *gegeben, damit auch ihr so handelt, wie ich an euch gehandelt habe. Wahrlich, wahrlich, ich sage euch: Der Knecht ist nicht größer als sein Herr, noch der Gesandte größer als der ihn gesandt hat. Wenn ihr dies wisst, glückselig seid ihr, wenn ihr es tut!"* (Joh 13,12-17).

Warum wusch Jesus den Jüngern die Füße? Die Antwort darauf ist, weil sie schmutzig waren! Damals legten sich die Leute zum Essen so hin, dass neben ihrem Kopf gleich die Füße des Nachbarn waren. Darum wurden die Füße vor dem Essen immer gewaschen. Damals war es üblich, dass Sklaven diese Arbeit taten. Sie wuschen dem Meister vor dem Essen die Füße. Jesus wusch den Jüngern die Füße, um etwas zu veranschaulichen. Er übernahm die Aufgabe des Sklaven und sagte den Jüngern, sie seien verpflichtet, dasselbe zu tun. Später warnte er sogar:

> *Ihr aber sollt euch nicht Rabbi nennen lassen, denn einer ist euer Meister, der Christus; ihr aber seid alle Brüder. Nennt auch niemand auf Erden euren Vater; denn einer ist euer Vater, der im Himmel ist. Auch sollt ihr euch nicht Meister nennen lassen; denn einer ist euer Meister, der Christus. Der Größte aber unter euch soll euer Diener sein. Wer sich aber selbst erhöht, der wird erniedrigt werden; und wer sich selbst erniedrigt, der wird erhöht werden* (Mt 23,8-12).

Sollten wir uns gegenseitig die Füße waschen, so wie das einige heutzutage tun? Nein, Jesus wusch den Jüngern nicht die Füße, um eine neue Tradition einzuführen. Stattdessen sollten wir verstehen, was Jesus damit meinte, dass wir einander dienen sollen. Wir alle sind Brüder und Schwestern, genau so, wie er es hier sagt, und das Gleiche gilt auch für Leiter. Wir sollten nicht anfangen, den Leuten die Füße zu waschen, da dies nicht Teil unserer Kultur ist. Wir legen uns nicht an die Tische, und wir haben auch keine staubigen oder schmutzigen Füße. Wir sollten aber Möglichkeiten finden, einander zu dienen, z. B. könnten wir einander die Autos waschen, wenn sie schmutzig sind.

Jesus kam, um zu dienen, und er vermittelte eine andere Leitungsstruktur, als wir sie heute sehen. Es war keine Pyramidenstruktur mit einem „Mann Gottes" an der Spitze, dem allen anderen „dienen". Diese Methode muss scheitern, da Hochmut vor dem Fall kommt. Kein Mensch ist dazu berufen, allein an der Spitze einer Pyramide zu sitzen.

Das Konzept von einem „Mann Gottes", wie wir es heute vielerorts sehen können, entspricht auch nicht neutestamentlichem Denken. Wenn du für dieses Konzept Belege in der Bibel finden willst, musst du wieder auf das Alte Testament zurückgreifen. Ich sage nicht, dass es nicht jemand geben soll, der leitet, und ich sage auch nicht, dass es nicht bestimmte Dienste in der Gemeinschaft gibt, welche wir anerkennen und ehren sollen, aber es braucht eine gesunde Ausgewogenheit.

In Offenbarung 2 lesen wir von der Gemeinde in Pergamon. Nicht alles, was dort gesagt wird, ist sehr positiv:

> *So hast auch du solche, die an der Lehre der Nikolaiten festhalten, was ich hasse. Tue Buße! Sonst komme ich rasch über dich und werde gegen sie Krieg führen mit dem Schwert meines Mundes* (Offb 2,15-16).

An einer anderen Stelle lesen wir, dass Jesus die Lehren und Taten der Nikolaiten hasst. Was ist die Lehre der Nikolaiten? Der Begriff Nikolaiten leitet sich aus den beiden Worten „Nikos" und „Laos" ab. Er bedeutet so viel wie „Sieg über die Leute" oder „über Leute regieren". Von dem Wort „Laos" stammt auch unser Wort „Laie" ab. Somit hasst Jesus die Lehre, nach der bestimmte Personen über die Laien regieren sollen. Die Tatsache, dass wir heutzutage Leiter und Pastoren haben, welche regieren und über Leute Entscheidungen treffen, widerspricht dem, was wir in der Bibel lesen. Das ist eine Lehre, die Jesus ganz deutlich hasst. Die Vorstellung, dass nur Priester, Pastoren und Leiter taufen, das Abendmahl austeilen, Gottes Wort weitergeben können usw., finden wir im Neuen Testament nicht.

Jesus zufolge gibt es so etwas wie „Laien" oder „Geistliche" nicht. Wir alle sind Brüder und Schwestern und haben denselben Zugang zu Gott durch Jesu Opfertod. Mit anderen Worten: Jeder hat die gleiche Erlaubnis, von ihm zu hören, andere zu taufen und so weiter. Auch heute noch müssen wir die Lehren der Nikolaiten abschaffen, die Vorstellung, dass Priester in der Hierarchie höher stehen als Laien. Das ist schlichtweg nicht biblisch und Jesus hasst das. Wie ich schon sagte, gibt es ganz eindeutig Dienste und Leiter in den Gemeinschaften, doch sind sie dazu berufen, ein Fundament zu legen, und nicht, um die Spitze der Hierarchie zu bilden. Sie sind dazu da, um den Weg zu zeigen und voranzugehen, aber nicht um zu lenken und zu entscheiden.

Ich habe oft erlebt, dass christliche Leiter eine erhöhte Position über die Leute in der Gemeinschaft eingenommen haben. Diese Leiter lehren vielleicht, dass man „seinem Lehrer gehorchen" soll, damit die Leute folgsam sind. Aber sie vergessen, dass sie, auch wenn sie Leiter sind, zuallererst Brüder und Schwestern sind. Die Leute in diesen Gemeinschaften haben Zugang zu Gott und können von ihm auf dieselbe Weise hören, wie die Leiter auch.

Kürzlich kam eine junge Frau zu mir und bat mich um Rat. Sie war zuvor auf einem kurzzeitigen Missionseinsatz gewesen und hatte dort eine wunderbare Zeit gehabt. Und nun spürte sie wieder Gottes Ruf, sie solle einen interkulturellen Dienst ergreifen. Der Leiter ihrer Gemeinde sagte ihr, sie sei noch nicht dazu bereit und Gott rede immer zu den Leitern über so etwas, weshalb sie auf diese hören solle. Ich kannte die junge Frau gut und wusste, dass sie reif war. Darum konnte ich ihr sagen, sie solle tun, was Gott ihr gesagt habe. Die Vorstellung, dass Gott immer alles durch Leiter bestätigen sollte, ist eine Lüge. Ich bin sehr von diesem Prinzip überzeugt, auch wenn einige dies sicherlich als Rebellion ansehen werden.

Du magst nun fragen: „Wie kannst du nur so etwas sagen, wenn der Leiter dieser jungen Frau ihr etwas anderes gesagt hat?" Ich kann so etwas sagen, weil *sie allein* einmal vor Gott für ihr Leben Rechenschaft ablegen muss – auch darüber, was Gott zu ihr gesprochen hat. Ein Leiter kann Rat und Leitung geben, aber er kann nicht über das Leben einer Person entscheiden.

Ich beobachte, wie Leiter in einigen Kirchen Angst als Mittel gebrauchen, um ihre Mitglieder zu kontrollieren. Sie kommen immer wieder mit beängstigenden Beispielen von Leuten, die ihren Leitern nicht gehorcht haben und was deswegen passiert ist. Indirekt sagen sie damit: „Das kann dir auch passieren, wenn du nicht so handelst wie es dir deine Leiter vorgeben." Als Antwort darauf möchte ich sagen, dass ich nur deswegen dort bin, wo ich heute bin, weil ich nicht immer meinen Leitern gehorcht habe. Hätte ich meinen Leitern gehorcht, wäre mein Dienst zu Ende gegangen, so wie ich es am Anfang dieses Buches beschrieben habe. Die Frage war also, wem ich mehr gehorchen soll: meinen Leitern oder Gott.

Ich habe oft erlebt, dass der folgende Bibeltext missbraucht wurde, um Leute zu kontrollieren:

> *Gehorcht euren Führern und fügt euch ihnen; denn sie wachen über eure Seelen als solche, die einmal Rechenschaft ablegen werden, damit sie das mit Freuden tun und nicht mit Seufzen; denn das wäre nicht gut für euch!* (Hebr 13,17).

Wenn man sich den Originaltext genauer ansieht, liest sich dieser Vers so wie: „Hört auf die, welche euch leiten und lasst euch von ihnen überzeugen …“ Es geht darum, zuzuhören und sich vom Wort überzeugen lassen, und nicht darum, blind jedem Befehl eines Leiters zu folgen, ungeachtet dessen, was Gott dir gesagt hat.

Wenn ich jedoch einen Christ sehe, der in bewusster Sünde lebt und nicht auf seinen Leiter hört, werde ich ihm diesen Bibelvers auch vorlesen. Ich würde ihm sagen, er solle auf seinen Leiter hören und sich vom Wort Gottes überzeugen lassen. Wenn aber der Leiter einem reifen Christen sagt: „Du sollst nicht in die Mission gehen“ oder: „Ich glaube, du solltest dein Auto verkaufen und mir das Geld geben“, würde ich sagen: „Höre nicht auf ihn, denn was er sagt, ist nicht biblisch!“

Kannst du erkennen, wie Dinge missbraucht werden können, wenn sie aus dem Kontext gerissen werden? Stell dir vor, ich wäre ein Leiter und würde ein paar Leute der Gemeinschaft besuchen. Hätte ich dann das Recht, ihnen zu sagen, wohin sie ihr Klavier stellen sollen? Und wenn sie nicht auf mich hören würden, hätte ich das Recht zu sagen: „Ich bin euer Leiter, und ihr müsst mir gehorchen?“ Niemals! Wenn ich ihnen ein Vorbild bin und sie vom Wort aus leite, dann bin ich ihr Leiter, aber ich habe nicht das Recht bzw. die Autorität, über ihr Leben zu entscheiden. Ich kann sie nur anhand der Wahrheit von Gottes Wort leiten, aber sie haben das Recht, selbst zu entscheiden, ob sie sich überzeugen lassen wollen oder nicht.

Robert Banks zeigt in seinem Buch „Paul’s Idea of Community“ („Was Paulus über Gemeinschaft dachte“), wie Paulus seine Autorität gebrauchte. Er nutzte sie nie, um Leute zu beherrschen oder Entscheidungen über sie zu treffen. Er traf nicht einmal über die

Gemeinschaften, die er gründete, Entscheidungen. Er leitete sie an wie ein Vater und forderte sie heraus, aber er beherrschte sie nie und traf auch keine Entscheidungen für sie, so wie es heute einige tun. Auch seine Beziehung zu den anderen Aposteln zeigt, dass er ihnen in keiner Weise untergeordnet war. Zum Beispiel hatte er keine Angst, den Apostel Petrus zu korrigieren, als dieser einen Fehler machte – obwohl Petrus persönlich mit Jesus unterwegs gewesen war. Er forderte andere jedoch immer vom Wort her heraus, das die höchste Autorität darstellt. Als Leiter bist du nicht der Herr über Menschen, sondern wir sind Kollegen, so wie Paulus es hier ausdrückt:

> *Denn wir möchten nicht über euch und euren Glauben herrschen, sondern helfen, dass ihr euch freuen könnt. Im Glauben steht ihr ja bereits fest* (2 Kor 1,24 HFA).

Der Autor vom Hebräerbrief beschreibt klar, um was es bei Leiterschaft geht:

> *Gedenkt an eure Führer, die euch das Wort Gottes gesagt haben; schaut das Ende ihres Wandels an und ahmt ihren Glauben nach! Jesus Christus ist derselbe gestern und heute und auch in Ewigkeit!* (Hebr 13,7-8).

Und dies hatte Petrus den Gemeindeleitern zu sagen:

> *Hütet die Herde Gottes bei euch, indem ihr nicht gezwungen, sondern freiwillig Aufsicht übt, nicht nach schändlichem Gewinn strebend, sondern mit Hingabe, nicht als solche, die über das ihnen Zugewiesene herrschen, sondern indem ihr Vorbilder der Herde seid! Dann werdet ihr auch, wenn der oberste Hirte offenbar wird, den unverwelklichen Ehrenkranz empfangen* (1 Pt 5,2-4).

Leiterschaft bedeutet, nicht sich selbst zum Herrscher über das Leben anderer Personen zu machen, sondern ein Vorbild zu sein. Leiter zu sein, heißt nicht, über anderen zu stehen, sondern vor anderen her zu gehen. Ein Leiter geht voran und lässt die anderen selbst entscheiden, ob sie folgen wollen oder nicht. Wenn jene, die Gott als Leiter der Gemeinschaft gegeben hat, das verstehen, werden auch sie eine größere Freiheit erfahren.

Es ist befreiend zu verstehen, dass wir nicht für das Leben anderer Leute verantwortlich sind. Als Leiter braucht man nur voranzugehen und den Weg zu zeigen. Dann ist es die Entscheidung der anderen, ob sie folgen wollen.

Ich habe in einigen heutigen Freikirchen eine fast dämonische Lehre gesehen, die ich „geistliche Abdeckung" nenne. Es beginnt damit, dass gesagt wird, dass du einen geistlichen Leiter über dir brauchst, weil du sonst nicht geschützt seist. Diese Lehre hebt besonders hervor, es sei notwendig, einen geistlichen Leiter zu haben, um Gottes Salbung im eigenen Leben erfahren zu können. Leiter, die so etwas lehren, haben ihrerseits auch wieder eine Person, die sie ihren Leiter oder ihre geistliche Autorität nennen, doch ist diese oft aus dem Ausland oder zumindest sehr weit weg. Es ist viel einfacher, jemandem zu „gehorchen", der weit weg ist, als deinen Geschwistern in der Nähe.

Dieses Thema hat mich längere Zeit stark herausgefordert. Ich kam aus einer Freikirche, wo diese Art von Denken tief in mich eingepflanzt worden war. Es war schwierig für mich, da ich oft in Situationen kam, in denen ich mich entscheiden musste, ob ich nun den Leitern gehorchen oder dem folgen sollte, was Gott mir gezeigt hatte. Genau in einer solchen Situation erhielt ich zum ersten Mal Besuch von Steve Hill, und genau über dieses Thema lehrte er zu dem Zeitpunkt. Seine Lehre half mir, auf diesem Gebiet frei zu werden.

Nicht jeder wird verstehen, worüber ich hier spreche, aber viele leider doch. Steve Hill zeigte mir, was ein wahrer christlicher Leiter und Vater im Glauben wirklich ist. Zum ersten Mal konnte ich von ganzem Herzen einen echten Leiter erkennen. Ich merkte plötzlich, dass der Grund, warum ich solche Probleme damit hatte, nicht darin lag, dass ich rebellisch war, sondern dass ich in ein System voller Kontrolle geraten war, das nicht auf neutestamentliche, biblische Strukturen aufgebaut war. Zudem führt eine solche Art von Kontrolle dazu, dass nur wenige in ihre Berufung und ihren Dienst hineinkommen, die ihnen der Herr gegeben hat. Diese verkehrte Lehre über „geistliche Abdeckung" hält Leute in einem System gefangen, in dem sie nicht weiterkommen.

Gehorsam ist wichtig. Die Bibel spricht viel über Gehorsam und Unterordnung, sogar davon, dass wir uns einander unterordnen sollen:

... ordnet euch einander unter in der Furcht Gottes! (Eph 5,21).

Wir sollten uns also tatsächlich einander unterordnen, aber nicht einem Leiter, der weit weg wohnt und gar nicht weiß, wie unser tägliches Leben aussieht. Wir benötigen eine flache Struktur, die Leute freisetzt, um Gott selbst zu hören und für das eigene Leben Verantwortung zu übernehmen. Die Struktur, die viele Gemeinden heute haben, schränkt das Wachstum und die Handlungsfähigkeit von zu vielen Gliedern des Leibes ein.

Wir alle sind Brüder und Schwestern, und das Haupt der Gemeinschaft ist nicht der Pastor oder der Leiter, sondern Jesus Christus. Er will zu uns allen sprechen. Wenn die ersten Gemeinschaften sich versammelten, suchten sie alle Jesus und ließen ihn durch sie reden. Es geht hier nicht darum, eine Anarchie oder ein Chaos zu schaffen, was viele befürchten. Es gibt nämlich einen Herrn, der die Kirche führt, und dieser ist Jesus Christus.

Ich weiß sehr genau, dass es in vielen Gemeinden nicht möglich sein wird eine flache Struktur zu haben, ohne dass alles komplett aus den Fugen gerät. Der Grund dafür ist, dass viele Mitglieder der Gemeinschaft nicht wirklich „durchgebrochen sind". Sie sind sich immer noch selbst ihr eigener Herr und folgen nicht Gottes Willen, sondern ihren eigenen Begierden. Doch wenn du dich selbst voll und ganz Christus übergeben hast und du nur noch seinen Willen und seine Sicht hast, dann ist diese Vorstellung von der flachen Struktur kein Problem – im Gegenteil!

Natürlich gibt es Leiter in Gottes Gemeinschaften, aber sie sind nicht berufen, über Personen zu herrschen und Entscheidungen für sie zu treffen. Wenn du ein Leiter bist, bist du immer noch ein Bruder für die anderen der Gemeinschaft. Du stehst neben, aber nicht über ihnen. Du gehst voran, sodass andere folgen können.

Ich glaube, es ist sehr wichtig, dass wir diese göttliche Struktur erkennen und sie anwenden. Ich bin überzeugt, dass Gott gute und vernünftige Leiter beruft, die als geistliche Väter ein gutes Fundament legen können, damit die Gemeinschaft in Christus wachsen kann.

Kapitel 20

Der Heilige Geist

Ich erinnere mich noch gut an eine Zeit in meinem Leben, in der ich unglaublich unter Druck stand. Ich war in einer Gemeinschaft und hatte Verantwortung für die Leute dort. Ich glaubte, ich trüge die Verantwortung für diese Menschen, weil ich ihr Pastor war. Machten sie eine schwierige Zeit durch, gab ich mir die Schuld und dachte, ich sei ein schlechter Leiter. Hatten sie gute Zeiten, dann deshalb, weil ich ein guter Leiter war.

Gott zeigte mir glücklicherweise auf, wie falsch diese Auffassung war. Er machte mich davon frei und lehrte mich ein paar Dinge, die ich nie vergessen werde. Bevor er das tat, konnte ich noch nicht einmal unsere kleine Gruppe mit nur wenigen neuen Gläubigen leiten. Danach wäre es kein Problem mehr gewesen, wenn ich eine Million neuer Gläubiger hätte leiten müssen. Es waren zwei wichtige Punkte, die mich Gott lehrte und die den Unterschied ausmachten.

Der erste bezieht sich auf mein Verständnis von Leitung. Ich bin ganz klar ein Leiter, aber ich kann und will nicht das Leben von Leuten steuern oder kontrollieren. Ich kann nur ein Fundament legen, und dann ist jede Person selbst verantwortlich, darauf aufzubauen.

Jesus war der beste Leiter aller Zeiten, obwohl Judas sich entschied, ihn zu verraten. Das bedeutet, dass auch uns solche Dinge möglicherweise bevorstehen. Ich habe gelernt, dass es nicht so wichtig ist, ein Leiter zu sein, und dass ich lernen soll, das loszulassen. Obwohl Jesus der beste Leiter war, den es je gab, sagte er seinen Jüngern, es sei besser für sie, wenn er sie verlasse.

> *Aber ich sage euch die Wahrheit: „Es ist gut für euch, dass ich hingehe; denn wenn ich nicht hingehe, so kommt der Beistand nicht zu euch. Wenn ich aber hingegangen bin, will ich ihn zu euch senden“* (Joh 16,7).

Wenn es für die Jünger besser war, dass Jesus, der beste Leiter aller Zeiten, sie verließ, wie können wir dann auf die Idee kommen, wir seien unersetzlich? Vielleicht deswegen, weil wir dem Heiligen Geist nicht genügend vertrauen. Und damit kommen wir zu dem anderen wichtigen Punkt, den ich lernte.

Eines Tages stellte mir mein Freund Steve Hill folgende Frage: „Was ist die Aufgabe des Heiligen Geistes?“ Ich antwortete, dass er uns an das erinnert, was Jesus gesagt hat, und uns hinsichtlich der Sünde, der Gerechtigkeit und des Gerichts überführt. Dann fragte er mich, wie gut der Heilige Geist darin sei, dies auszuführen. Ich wusste nichts anderes zu antworten, als dass er darin wirklich gut ist. Dann fragte mich Steve, wie wir die Arbeit zwischen uns aufteilen sollten, ob ich für vierzig Prozent verantwortlich sei und der Heilige Geist für sechzig Prozent, oder umgekehrt.

Das machte mich nachdenklich. Es gibt niemanden, der diese Dinge besser tun kann, als der Heilige Geist. Und genau aus diesem Grund konnte Jesus sagen, dass es besser sei, wenn er ginge. An diesem Tag lernte ich ein wenig mehr über den Heiligen Geist, und es setzte mich in meiner Rolle als Leiter wirklich frei.

Ich verstehe gut, warum viele Leiter und Pastoren im heutigen Kirchensystem viel Stress erleben. Alles hängt von ihnen ab! Wenn die Kirche wächst, ist der Pastor gut. Wenn sie nicht wächst und die Leute Probleme haben, ist es die Schuld des Pastors. Es ist unmöglich, auf lange Sicht so zu leben, und es war von Anfang an nicht Gottes Absicht. Wir müssen zurück zur flachen Struktur, bei der Jesus das Haupt der Gemeinschaft ist und es dem Heiligen Geist erlaubt ist, in uns allen zu wirken.

Ich kann bezeugen, dass viele wunderbare Dinge geschahen, als ich losließ. Leute wurden gerettet und wuchsen wie nie zuvor. Wir alle verstanden, dass ich nicht für sie verantwortlich war, was dazu führte, dass sie für sich selbst Verantwortung übernahmen. Sie verstanden, dass es die Aufgabe des Heiligen Geistes war, sie zu lehren und Sünde aufzudecken usw. Die Folge war, dass sie mehr auf den Heiligen Geist hörten, und dadurch wurden sie verändert. Nun ist die Zahl der Leute kein Problem mehr, da der Heilige Geist für alle Leute und ihre Bedürfnisse groß genug ist.

Im 1. Johannesbrief lesen wir etwas wirklich Radikales, etwas, womit nach meiner Einschätzung heutzutage eine Menge Leute große Mühe haben, es zu begreifen:

> *Für euch aber gilt: Der Heilige Geist, mit dem Christus euch gesalbt hat, bleibt in euch! Deshalb braucht ihr keinen, der euch darüber belehrt, sondern der Geist lehrt euch das alles. Und was er lehrt, ist wahr, es ist keine Lüge. Bleibt also bei dem, was er euch lehrt und lebt mit Christus vereint* (1 Joh 2,27 NEÜ).

Ich sage nicht, dass alle Lehre unnötig ist. Wenn wir diesen Vers lesen, müssen wir erkennen, dass es etwas gibt, das wir vergessen haben. Überlege einmal! Es sagt, dass wir niemand anderen brauchen, um uns zu lehren, da wir jetzt den Heiligen Geist haben! Dasselbe wird im Hebräerbrief auf eine andere Weise erklärt, wenn dort über den Neuen Bund gesprochen wird:

> *Das ist der Bund, den ich mit dem Haus Israel schließen werde nach jenen Tagen, spricht der Herr: Ich will ihnen meine Gesetze in den Sinn geben und sie in ihre Herzen schreiben; und ich will ihr Gott sein, und sie sollen mein Volk sein. Und es wird keiner mehr seinen Nächsten und keiner mehr seinen Bruder lehren und sagen: Erkenne den Herrn! Denn es werden mich alle kennen, vom Kleinsten bis zum Größten unter ihnen; denn ich werde gnädig sein gegen ihre Ungerechtigkeiten, und an ihre Sünden und ihre Gesetzlosigkeiten werde ich nicht mehr gedenken* (Hebr 8,10-12).

Hier steht etwas über einen komplett neuen Bund. Heute haben wir durch Jesus Christus alle Zugang zu Gott. Wir können alle Gott erkennen und von ihm geleitet werden. Wie wir hier lesen, hat er uns den Heiligen Geist gesandt, um uns zu leiten und uns zu zeigen, wer er ist.

Warum haben wir dann nicht mehr Vertrauen in diese Sache? Warum glauben wir immer noch, Leute bräuchten einen Vermittler – einen Pastor –, um Gottes Willen zu erkennen und das Leben zu leben, zu dem uns Gott gerufen hat? Vielleicht ist der Grund der, dass wir Kirchen haben, in denen viele noch nicht einmal gerettet sind. Viele wurden von Gott berührt, haben zu ihm gebetet und kommen nun treu zur Kirche, doch sind sie nie wirklich zur Errettung „durchgebrochen“, und jetzt versuchen wir „Babysitter“ für sie zu organisieren.

Da diese nicht wirklich „durchgebrochen“ sind, werden wir auch nicht sehen können, dass der Heilige Geist in ihnen dasselbe tut wie in anderen, die wirklich gerettet sind. Stattdessen tun wir so, als wären wir selbst der Heilige Geist. Wir versuchen, sie zu erziehen, wie wahre Jünger Jesu zu leben, doch tun wir ihnen damit keinen Gefallen. Eher das Gegenteil. Wir sollten ihnen lieber zeigen, dass sie noch nicht durchgebrochen sind. Wenn sie vollständig umkehren und die Neugeburt erleben, von der Jesus gesprochen hat, dann übernimmt der Heilige Geist das Kommando und wird in ihnen arbeiten. Und wie es im Römerbrief gesagt wird, werden sie dann durch den Geist anstatt durch das Fleisch geleitet. Dies ist ein Erkennungsmerkmal eines wahren Christen.

Nochmals, es geht darum, das Evangelium so radikal und direkt zu verkündigen, wie wir nur können und es nicht zu versüßen. Dann werden wir erleben, dass Leute umkehren und gerettet werden. Der Heilige Geist wird dann kommen und in ihnen genau so wirken, wie wir es in der Bibel lesen können.

Nicht Gott hat sich verändert, sondern wir haben das Evangelium auf eine solche Weise verändert, dass die Kirche heute voller Leute ist, die nicht wirklich gerettet sind. Heutzutage sehe ich, dass Pastoren viele Stunden, Wochen, ja sogar Monate damit verbringen, Menschen in ihren Kirchen zu helfen und sie zu beraten. Jedoch würden viele dieser Dinge automatisch gelöst werden, wenn die Leute einfach umkehren und somit gerettet würden. Wir sollten die Zeit nutzen, um sie zur Errettung zu führen, anstatt die Aufgabe des Heiligen Geistes zu übernehmen und ihre Berater in allen möglichen Belangen zu sein.

> *Und wenn jener kommt, wird er die Welt überführen von Sünde und von Gerechtigkeit und vom Gericht: ... er wird euch in die ganze Wahrheit leiten ...* (Joh 16,8.13).

Als ich am 5. April 1995 errettet wurde, kam ich aus einer Welt, die mit Kirche nichts zu tun hatte. So wie heute viele junge Menschen in der Welt in Sünde leben, hatte auch ich Sünde erlebt. Doch ab dem Tag, an dem ich gerettet wurde, fing der Heilige Geist sein Werk in meinem Leben an, exakt so, wie wir es in der Bibel lesen können. Der Heilige Geist lehrte mich durch das Wort, und ich fing an, mich von meinem alten Leben abzuwenden. In all meinen Jahren als Christ habe ich noch nie das Bedürfnis verspürt, dass jemand auf mich aufpassen müsste. Niemand hat mich jemals daran erinnert, dass ich nicht mehr sündigen sollte. Niemand hat mir erzählt, dass ich mich daran erinnern sollte, die Bibel zu lesen und zu den Treffen zu gehen. Nichts davon war notwendig, da ich wirklich errettet worden war. Der Heilige Geist zeigte mir, was ich ändern musste und wie ich leben sollte. Der Heilige Geist war derjenige, der mich lehrte, genauso, wie wir es zuvor gelesen haben. Dazu ist er da.

Ich kann dasselbe auch heute noch sehen, wenn andere komplett zu ihm umkehren. Wenn das geschieht, braucht es niemanden, der ihnen alle diese Dinge sagt, denn das ist etwas, was der Heilige Geist tut. Am Anfang, als ich erst kurze Zeit errettet war, gab es Zeiten, wo ich zu Sünde oder alten Freunden hingezogen war, aber ich konnte Gott nicht loslassen. Ich war wie einer der Jünger, der Jesus antwortete, nachdem ihn viele verlassen hatten:

> *Da sprach Jesus zu den Zwölfen: „Wollt ihr nicht auch weggehen?" Da antwortete ihm Simon Petrus: „Herr, zu wem sollen wir gehen? Du hast Worte ewigen Lebens; und wir haben geglaubt und erkannt, dass du der Christus bist, der Sohn des lebendigen Gottes!"* (Joh 6,67-69).

In Apostelgeschichte 8 lesen wir, wie Philippus den ägyptischen Eunuchen taufte. Nachdem dieser getauft war, versetzte Gott Philippus an einen anderen Ort und der Eunuch war wieder allein. Er war völlig neu im Glauben, und alles, was er hatte, war der Text aus dem Alten Testament. Er war aber nicht allein, denn nun hatte er den Heiligen Geist! Gott hatte die volle Kontrolle über den Eunuchen und nahm Philippus wieder weg. Gott hatte dem Eunuchen einen Helfer für das Leben gegeben – den Heiligen Geist.

Wenn wir anfangen, das Evangelium so zu verkündigen, wie es von Jesus beabsichtigt war, und den Heiligen Geist dazukommen lassen, dann wird er die Leute von ihrer Sünde überführen, sodass sie wirklich Buße tun und umkehren. Er lehrt sie, und er führt das gute Werk fort, das er in ihnen angefangen hat (vgl. Phil 1,6).

Die ersten Gemeinschaften erlebten, dass die Gegenwart des Heiligen Geistes unter den Leuten da war. Der Heilige Geist war ein großer Teil ihres Lebens, und sie konnten sagen: *„Es hat nämlich dem Heiligen Geist und uns gefallen ...“* (Apg 14,28). Es waren nicht einfach die Leute in der Gemeinschaft, welche die Entscheidungen trafen, sondern sie gaben dem Heiligen Geist seinen rechtmäßigen Platz in der Gemeinschaft.

Das ist ein weiterer Grund, warum die Gemeinschaft der Christen damals so anders war, als wir es heute an vielen Orten sehen. Diese Gemeinschaft konnte mit einer flachen Struktur funktionieren, ohne dass ein Chaos ausbrach oder Leute einen Aufstand machten, da Jesu Gegenwart durch den Heiligen Geist so mächtig vertreten war. Niemand außer Jesus war das Haupt der Gemeinschaft, und das war allen klar.

Heutzutage ist die Kirche voller „fleischlicher“ Menschen. Das ist der Hauptgrund, warum die neutestamentliche Kirchenstruktur ganz einfach nicht funktioniert. Diese Fleischlichkeit hat uns dazu verleitet, die Strukturen zu entwickeln, die wir heute haben. Es ist lediglich ein Ersatz für das Echte. Dasselbe gilt für den Stil, wie wir heute unsere Treffen abhalten. Denke nur an all die Energie, die wir aufbringen, um das Gefühl zu erzeugen, der Heilige Geist sei nahe. Wir brauchen weder einen dunklen Raum mit Kerzenlicht noch emotionsgeladene Musik oder irgendetwas anderes, wenn der Heilige Geist wirklich da ist. Stattdessen ist es ein Zeichen dafür, dass der Heilige Geist nicht so anwesend ist, wie wir es in der Bibel sehen können.

Wir können uns nicht erlauben, getäuscht zu werden und zu glauben, diese neue Struktur und dieser neue Stil (die schöne Verpackung) seien der richtige Weg, die Dinge zu tun. Wenn wir Kirchen mit „fleischlichen“ Leuten bauen, werden sie nur solange Bestand haben, bis wir Gott von Angesicht zu Angesicht gegenüberstehen werden.

Viele werden nun sagen: „Aber, wenn wir das alles weglassen, wird keiner mehr kommen!“ Ja, doch vielleicht ist das ja umso mehr ein Grund, diese Dinge wegzulassen, da wir nur dann sehen werden, was wirklich von Gott gebaut wurde. Vergiss nicht, dass nicht wir die Kirche bauen, sondern Jesus! Wir sind nichts anderes als „lebendige Steine“, und Jesus wird seine Kirche so bauen, wie er es will!

Heute sehen wir, was viele die 20-80-Regel nennen. Der Gedanke dahinter ist, dass in einer normalen, traditionellen Gemeinschaft zwanzig Prozent die ganze Arbeit tun, während die anderen achtzig Prozent nur kommen und das Treffen genießen. Das war bis 1949 in China auch so, bevor die Kommunisten kamen und die Macht übernahmen. Als die Kommunisten zur Macht gekommen waren, brachte das eine große Verfolgung der Heiligen mit sich und alle Missionare wurden aus dem Land geworfen. Es bedeutete, dass alle Kirchen geschlossen wurden und dass achtzig Prozent derer, die vormals zur Kirche gegangen waren, „abfielen“. Nach der Verfolgung waren nur noch zwanzig Prozent übrig, nämlich die zwanzig Prozent, die vormals die ganze Arbeit getan hatten. In Wahrheit sind die achtzig Prozent nicht wirklich „abgefallen“, da sie ja nie wirklich dazugehörten. Wären sie zur Errettung richtig „durchgedrungen“, dann wären sie nie abgefallen, sondern bereit gewesen, den Preis zu bezahlen. Da nun die Gemeinschaft nur noch aus wenigen Jüngern bestand, die bereit waren, den Preis zu bezahlen, konnten sie sich dem Herrn völlig hingeben. Das war der Anfang der großen Erweckung, die wir bis heute in China sehen können, wo sich Millionen von Menschen Gott zuwenden. Das alles aber geschieht in kleinen Hausgruppen, sodass niemand genau weiß, von wie vielen Millionen neuen Gläubigen wir sprechen.

Der Heilige Geist ist auch heute noch derselbe! Leider wurde er aber durch ein System ersetzt, das die Leute in einem falschen Glauben gefangen hält. Ein System und eine Hierarchie können niemals den Platz des Heiligen Geistes im Leben eines Menschen übernehmen. Ein System erzeugt nur ein falsches Bild davon, wie Wahrheit eigentlich aussieht. Hierarchie erzeugt die falsche Vorstellung, dass alles in Ordnung sei. In Wirklichkeit leben viele in Rebellion gegenüber Gott. Systeme können uns vortäuschen, dass Leute „durchgedrungen“

sind, obwohl dem nicht so ist. Eine Hierarchie kann ein angenehmer Ort für stolze Leute sein, die es lieben, Leute zu beherrschen.

Andere Aufgaben des Heiligen Geistes sind, uns an Jesu Worte zu erinnern und uns in alle Wahrheit zu leiten.

> *Der Beistand aber, der Heilige Geist, den der Vater senden wird in meinem Namen, der wird euch alles lehren und euch an alles erinnern, was ich euch gesagt habe* (Joh 14,26).
>
> *Wenn aber jener kommt, der Geist der Wahrheit, so wird er euch in die ganze Wahrheit leiten; denn er wird nicht aus sich selbst reden, sondern was er hören wird, das wird er reden, und was zukünftig ist, wird er euch verkündigen* (Joh 16,13).

Ich könnte mit einer langen Liste all der Aufgaben und Funktionen des Heiligen Geistes weitermachen, wie z. B. Helfer, Tröster, Zeuge, Kraftquelle usw. Wir haben gehört, dass es wichtig ist, Menschen, die sich bekehrt haben, noch weiter zu betreuen. In der Bibel finden wir allerdings nicht, dass wir es so tun sollen, wie wir es heute tun. Heute hören wir, dass die Nachbetreuung eine Notwendigkeit sei, da frisch gerettete Leute wie neugeborene Babys seien. Wir wissen alle, dass neugeborene Babys ohne Eltern nicht überleben können! Babys brauchen ihre Eltern! Und diese Logik wird auf neugeborene Christen übertragen: ohne geistliche Eltern werden sie sterben.

Es ist wahr, dass neugeborene Babys ihre Eltern brauchen, und es ist auch wahr, dass geistlich neugeborene Menschen Eltern brauchen. Wir sollten aber nicht vergessen, dass nicht wir sie von Neuem geboren haben, sondern Gott hat sie geboren, und er wird sich ganz sicher um sie kümmern. Er ist ihr Vater, und er hat sie nicht vaterlos gelassen, sondern ihnen den Heiligen Geist gegeben.

Ich sage damit nicht, dass wir die Leute einfach gehen lassen sollten oder dass ich jede Form, Leuten nachzugehen, ablehne. Wie du schon gelesen hast, sollen wir Menschen zu Jüngern machen. Es ist aber ein großer Unterschied, ob wir den Leuten die Gelegenheit geben, uns zu folgen, oder ob wir unsere Zeit dazu gebrauchen, ihnen nachzugehen. Jesus sagte: „Komm und folge mir nach“, während er weiterging. Wenn Leute dieses „innere Zeugnis“ bekommen haben, dass sie wahrhaftig wiedergeboren sind, dann wird man bei ihnen auch „äußere Zeichen“ sehen. Beispielsweise werden diese Leute nach Gemeinschaft mit Christen suchen. Zu solchen Leuten können wir sagen: „Komm, und folge mir nach!“ Wir können vor ihnen hergehen, ohne die ganze Zeit zurückschauen zu müssen, um zu prüfen, ob sie immer noch bei uns sind. Wir müssen uns daran erinnern, wie wichtig es ist, dass ihnen jemand vorangeht. Es ist unmöglich, einem Auto zu folgen, das stillsteht. Ein Auto muss in Bewegung sein, damit man ihm folgen kann.

Natürlich sollten wir einander helfen und uns gegenseitig unterstützen. Es ist nicht Jesu Aufgabe, uns nachzugehen, sondern es ist unsere Aufgabe, bei ihm zu bleiben und ihm zu folgen.

Genau deshalb meine ich, dass wir einfach all die äußerlichen Dinge weglassen und eine flache Struktur haben können, ohne dass Leute abfallen, solange sie tatsächlich „durchgebrochen“ sind und der Heilige Geist in ihnen wohnt. Jene, die aus den richtigen Beweggründen zu einer Gemeinschaft kommen, werden wachsen und im Glauben aufblühen. Für jeden Einzelnen wird es Freiheit und Raum geben, Gott zu folgen und genau das zu tun, was er in ihre Herzen eingepflanzt hat.

Kapitel 21

Viele neue Gemeinden

Wir haben uns die frühe Gemeinde angeschaut und sie mit der heutigen Kirche verglichen. Wir haben uns angesehen, wie wichtig es ist, die richtige Struktur zu haben und auch, dass uns allen der Auftrag gegeben wurde, Jünger zu machen, was hauptsächlich durch unser Vorbild geschieht. Wir haben uns ein wenig mit dem fünffachen Dienst und der Bedeutung des Wirkens des Heiligen Geistes befasst. Und nun schauen wir uns noch einen anderen Grund an, warum kleine Hausgemeinschaften so wichtig sind.

Kleine Hausgemeinschaften kann man viel einfacher und schneller gründen als eine traditionelle Freikirche. Will man eine traditionelle Gemeinde aufbauen, braucht man dazu häufig ein Gebäude und viele Hände, die mithelfen. Doch alles, was man zum Gründen einer Hausgemeinschaft braucht, ist ein offenes Zuhause.

DAWN (Disciple A Whole Nation) hat die Strategie, neue Gemeinschaften zu bauen. DAWN sagt, dass der optimale Weg, um den Missionsbefehl zu erfüllen, ist, dass man pro 500 bis 1.000 Einwohner eine neue Gemeinschaft gründet, da dies der effektivste Weg ist, um Menschen zu erreichen. DAWN ist folgendermaßen auf diese Zahlen gekommen: Als Erstes haben sie sich angeschaut, wie groß der Einflussbereich einer mittleren bis großen Gemeinde ist. Dann haben sie diese Zahl auf die gesamte Einwohnerzahl bezogen, um zu sehen, wie viele Gemeinden es braucht, um eine ganze Nation zu erreichen, was Jesus uns im sogenannten Missionsbefehl (vgl. Mt 28,18-20) geboten hat.

Nehmen wir als Beispiel Deutschland, um diese Rechnung aufzumachen. Nach dieser Vision braucht es sehr viele neue Gemeinden. Nach DAWN sollte eine Stadt mit 30.000 Einwohnern etwa 30 bis 45 Gemeinden haben. Nach heutigem Stand gibt es in einer solchen Stadt vielleicht eine Pfingstgemeinde, eine Freie Evangelische Gemeinde, eventuell eine Missionsgemeinde, eine Baptistengemeinde und ein paar Volkskirchen. Durchschnittlich hat eine solche Stadt maximal fünf bis sechs lebendige Gemeinden. Nach DAWN bräuchte es nochmals 25 bis 40 weitere Gemeinden, um die Mission zu erfüllen, die Jesus uns gab.

> *Und Jesus trat herzu, redete mit ihnen und sprach: „Mir ist gegeben alle Macht im Himmel und auf Erden. So geht nun hin und macht zu Jüngern alle Völker, und tauft sie auf den Namen des Vaters und des Sohnes und des Heiligen Geistes und lehrt sie alles halten, was ich euch befohlen habe. Und siehe, ich bin bei euch alle Tage bis an das Ende der Weltzeit! Amen“* (Mt 28,18-20).

Jesus hat uns befohlen, alle Nationen (Völker) zu Jüngern zu machen. Er hat uns nicht befohlen, in jeder Nation nur ein paar Jünger zu machen. Wenn wir wirklich erkennen, was Jesus uns aufgetragen hat, dann werden wir eine völlig andere Vorstellung über den wahren Auftrag der Kirche bekommen, als die meisten von uns heute haben.

Hätte Jesus gesagt, das Ziel sei, in jeder Nation ein paar Jünger zu machen, dann wäre es logisch, wenn eine Kirche nur eine Vision für etwa 300 Mitglieder hätte. Es wäre zudem in Ordnung, wenn diese Kirche alle zehn Jahre eine neue Gemeinde gründet. Jedoch wird eine Kirche mit 300 Mitgliedern, die alle zehn Jahre eine neue Gemeinde gründet, nicht fähig sein, den Auftrag zu erfüllen, den Jesus uns gegeben hat.

Wenn wir wirklich verstehen, was Jesus hier sagt, wird uns klar werden, dass heute viele in die falsche Richtung gehen und das Ziel verfehlen. Wenn wir verstanden haben, dass es Jesus darum ging, die ganze Nation zu Jüngern zu machen, sehen wir uns gezwungen, ganz anders vorzugehen als bisher. Zum Beispiel wird dann unser Ziel sein, Leute auszusenden, die „baldmöglichst“ neue Gemeinschaften gründen. Der „Krieg“ zwischen Gemeinden um Mitglieder hört dann auf und wir sind fähig zusammenzuarbeiten, um unser gemeinsames Ziel zu erreichen. Deutschland, Österreich und die Schweiz brauchen sehr viele neue Gemeinschaften, um diese Nationen zu Jüngern Jesu zu machen. Das Gleiche gilt auch für alle anderen Nationen der Welt.

Die Statistik zeigt, dass eine Gemeinschaft innerhalb der ersten zwei Jahre nach der Gründung am meisten wächst. Anschließend verlangsamt sich das Wachstum und kommt oft zum Stillstand, sobald die Gemeinschaft eine bestimmte Größe erreicht hat. Das entspricht auch meiner eigenen Erfahrung. Als wir eine neue Gemeinschaft gründeten, sagten die anderen Pastoren der Stadt, der Grund, warum wir im Vergleich zu ihnen so schnell wachsen würden, sei, dass wir neu seien, aber erwarten könnten, dass sich das nach ein paar Jahren ändern werde. Die logische Frage darauf wäre: Wenn das wahr ist, warum fangen wir dann nicht damit an, Leute auszusenden und neue Gemeinschaften zu gründen, anstatt zu versuchen, viele Jahre lang noch mehr Leute am gleichen Ort zu versammeln?

Es ist richtig, dass neue Gemeinschaften meist viel schneller wachsen als alte. Dafür gibt es viele Gründe, doch einer der Gründe ist sicherlich, dass neue Gemeinschaften ein Herzensanliegen Gottes sind.

Kürzlich hörte ich von einer Kirche in Australien, die während vieler Jahre nicht gewachsen war. Eines Tages kam es zu einer Spaltung, und die Kirche wurde auf vier kleinere Gemeinschaften aufgeteilt. Zuerst sah es so aus, als sei etwas ganz Schreckliches geschehen, doch am Schluss war es nur Satan, der verloren hatte. Was passierte, war, dass plötzlich alle vier „neuen" Gemeinschaften wieder zu wachsen begannen. Innerhalb von zwei Jahren waren alle vier zur Größe der ursprünglichen Gemeinde vor der Aufteilung angewachsen. Das ist wirklich interessant und ist auch an verschiedenen anderen Orten geschehen.

Viele, die sich mit Kirchenstatistiken befassen, sagen, dass manchmal eine Spaltung Gottes Weg ist, um vorwärtszugehen. Sie beziehen sich dabei auf die Tatsache, dass die ersten Christen den Auftrag hatten hinauszugehen und das Evangelium zu verkündigen, es aber leider nicht taten. Deshalb ließ Gott einen Mann namens Saulus aufstehen. Dieser verfolgte die Kirche, sodass sie sich verstreute, und überall, wo sie hingingen, gab es großes Wachstum. Ich empfehle und hoffe nicht, dass dies notwendig sein wird, denn eine Aufspaltung ist immer schmerzhaft und bringt oft Nöte mit sich.

Nach Angaben von Operation World (Gebet für die Welt; www.operationworld.org) gibt es in Europa 200.000 Städte ohne eine einzige lebendige Gemeinschaft. 200.000 Städte, die alle Gemeinschaften brauchen. Das hat Gott auf dem Herzen. Das Problem ist, dass es oft zu wenige Arbeiter gibt, unter anderem auch deshalb, weil sie so sehr mit Kirchenaktivitäten und dem Unterhalt ihrer Kirchengebäude beschäftigt sind.

Ist eine Gemeinschaft in vielen Jahren nicht gewachsen, wäre es dann nicht langsam Zeit, etwas zu verändern? Etwas, das wir tun könnten, wäre, dass wir Leute aussenden, um neue Versammlungen zu gründen. Etwas wird sicher geschehen.

Wir durchliefen einen Wandel in einer Gemeinschaft, die fünfzig erwachsene Mitglieder hatte. Meine Frau und ich verließen diese Gemeinschaft, um unsere eigene zu beginnen. Plötzlich gab es zwei Gemeinschaften: eine mit achtundvierzig Erwachsenen und eine mit zwei Erwachsenen. Nach einiger Zeit hatten wir einen Zuwachs von etwa zehn neuen Christen, mehr, als die größere Gemeinschaft es hatte. Doch als Beispiel nehmen wir an, dass auch die alte zehn neue Christen hinzugewonnen hatte. Was sagt uns das? Genau das, was auch die Statistiken zeigen, dass eben größere Gemeinschaften nicht unbedingt auch mehr (prozentuales) Wachstum bedeuten.

Jetzt stell dir eine Gemeinschaft mit achtundvierzig Mitgliedern vor, die alle dasselbe täten, was wir tun. Sie gehen hinaus und fangen ihre eigenen Gemeinschaften an. Wir sprechen jetzt nicht davon, eine große Gemeinde mit Gebäude und Hunderten von Mitgliedern, Lobpreisteams, Mitgliedschaft, Regeln und sonntäglichen Gottesdiensten zu schaffen. Wir sprechen von kleinen Treffen zuhause mit dem Ziel, in den ersten zwei Jahren mindestens zehn Personen mit dem Evangelium zu erreichen. Zur Erinnerung: Das ist deshalb leicht möglich, weil Gemeinschaften anfangs am schnellsten wachsen.

Ich kann verstehen, dass dies für die meisten Christen unrealistisch erscheint. Während der vielen Jahre, die sie zur Kirche gingen, haben sie kaum Wachstum gesehen. Und nun sollten sie denken, sie könnten plötzlich zehn Leute in zwei Jahren erreichen. Wir müssen jedoch verstehen, dass Gott es segnen wird, wenn wir aufgrund seines Wortes hinausgehen. In der Apostelgeschichte können wir lesen, dass das Wachstum dadurch kam, dass Gott täglich Leute zur Gemeinschaft hinzufügte. Er tut das auch heute noch, wenn wir gehorsam sind. Diese Art von Wachstum ist nicht unmöglich, wenn man die rechte Lehre und die rechte praktische Hilfe erhält. Wir sehen, dass das in anderen Ländern immer wieder passiert.

Nehmen wir einmal an, diese achtundvierzig Mitglieder gingen jeweils zu viert hinaus, damit sie nicht allein loslegen müssten. Statt vierundzwanzig gäbe es also zwölf neue Hausgruppen. Und gehen wir einmal davon aus, dass diese zwölf Hausgruppen nur die Hälfte von dem wachsen, was wir erhofft haben, d. h. nur fünf statt zehn Personen erreichen. Das würde aber immer noch bedeuten, dass diese zwölf neuen Gemeinschaften in den ersten zwei Jahren sechzig neue Personen erreichen würden.

Wo können wir ein solches Wachstum finden? Ich kenne nichts Vergleichbares. Nun stell dir vor, dass jede einzelne dieser zwölf kleinen Gruppen beschließt, einen Event pro Jahr zu organisieren mit dem Ziel, Außenstehende zu erreichen. Das ist nicht unmöglich, da wir ja nur von einem Event pro Jahr sprechen. Es würde bedeuten, dass es in dieser Stadt insgesamt zwölf Events pro Jahr geben würde.

Welche Gemeinde hat schon das Potenzial, zwölf solche Events pro Jahr zu organisieren? Kleine Gemeinschaften sind also eine wirklich gute Idee, da wir dadurch viel mehr Nichtchristen erreichen können. Viele kleine Gemeinschaften zusammen haben ein größeres Wachstumspotenzial als wenige große Gemeinden.

Was können wir daraus lernen? Wir können lernen, dass wir, anstatt Sonntag für Sonntag Leute in den Kirchen zu versammeln, wo sie nichts tun, diese Zeit nutzen und sie zu Jüngern machen sollten, damit sie schnell ihr „Zuhause verlassen" und ihre eigenen Gemeinschaften gründen können. Es ist wie in einer normalen Familie: Kinder verlassen ihr Zuhause und gründen ihre eigenen Familien. Nachdem Jesus seine Jünger für eine kurze Zeit zugerüstet hatte, sandte er sie mit folgenden Worten aus:

Wo ihr aber in ein Haus hineingeht, da sprecht zuerst: Friede diesem Haus! Und wenn dort ein Sohn des Friedens ist, so wird euer

> *Friede auf ihm ruhen, wenn aber nicht, so wird er zu euch zurückkehren. In demselben Haus aber bleibt und esst und trinkt das, was man euch vorsetzt; denn der Arbeiter ist seines Lohnes wert. Geht nicht aus einem Haus ins andere. Und wenn ihr in eine Stadt kommt und sie euch aufnehmen, da esst, was euch vorgesetzt wird; und heilt die Kranken, die dort sind, und sagt zu ihnen: Das Reich Gottes ist nahe zu euch herbeigekommen!* (Lk 10,5-9).

Jesus legte für die ersten Christen das Fundament, um Jünger zu machen, als er sie aussandte. Es geht darum, eine „Person des Friedens" zu finden und im Haus dieser Person eine Gemeinschaft zu beginnen. So haben sie angefangen! Eine Person des Friedens ist eine Person, die Gott bereits gerufen hat. Es ist eine Person, die bereit ist, umzukehren, sodass sie und ihr Haus gesegnet werden. In Apostelgeschichte 16 wird berichtet, was Paulus und Silas erlebt haben. Der Gefängniswärter und sein ganzes Haus wurden gerettet, und damit war eine weitere Gemeinschaft geboren. So war es auch bei Petrus, als er die neue Gemeinschaft im Haus des (römischen Hauptmanns) Kornelius begann.

Es kann heutzutage viele Jahre dauern, eine traditionelle Gemeinde zu gründen, aber für eine Hausgemeinschaft braucht es nur einen Tag. Das Einzige, was man braucht, ist eine Person des Friedens. Du beginnst in ihrem Haus, lädst Freunde ein und siehst zu, wie es wächst. So geschieht es in tausenden Gemeinschaften rund um die Welt, die heute gegründet werden. Es muss nicht so schwierig sein, nicht einmal dort, wo du lebst.

Es sieht so aus, als steckten heute viele Leute in einem System fest, und Pastoren finden es schwierig, Leute auszusenden. In Dänemark werden nicht viele neue Gemeinden gegründet, stattdessen schließen sich mehr und mehr Gemeinden zusammen und werden somit immer größer. Leider hat dies zur Folge, dass es mehr und mehr passive Christen gibt, die nicht zu Jüngern gemacht werden. Alle Statistiken zeigen auf, dass, wenn sich zwei Gemeinden zusammenschließen, sie nach ein paar Jahren immer noch genauso groß sind, wie sie vor dem Zusammenschluss waren. Zwei Gemeinden zusammenzuschließen, bedeutet nicht notwendigerweise ein Wachstum, sondern nur größere Zahlen.

Ich persönlich kenne mehrere Gemeinden, die sich zusammenschlossen haben mit dem Ergebnis, dass sich nach ein paar Jahren genauso viele versammelten, wie vor dem Zusammenschluss. Der einzige Unterschied war, dass es in der Stadt eine Gemeinde weniger gab, die Leute erreichen konnte. Darum ist das keine gute Idee. Natürlich gibt es immer ein paar Ausnahmen, und genau von diesen wenigen Erfolgsgeschichten hören wir immer wieder. Mein Rat ist: Schau dir die Statistiken an und lerne von ihnen!

Als wir anfingen, verschiedene Gemeinschaften zu gründen, erlebten wir Wachstum, hauptsächlich am Anfang. Nach einer gewissen Zeit hörte das Wachstum auf, genauso wie jene Pastoren und die Statistiken es sagten. Irgendetwas passiert in einer Gemeinschaft, wenn sie auf 30 bis 50 Personen anwächst. Als uns die Pastoren sagten, dass dies geschehen würde, dachten wir: „Nein, bei uns wird das anders sein, wir werden weiterhin wachsen, bis wir viele sind.“ Aber sie hatten recht. Wir wussten damals nicht, warum das so war oder wie wir es hätten vermeiden können, doch jetzt wissen wir es.

Während der letzten Jahre haben wir gelernt, was wir tun können, um immer weiter zu wachsen. Was wir tun müssen, ist, immer und überall neue Gemeinschaften zu gründen. Wenn eine Gemeinschaft nicht funktioniert, löst man sie einfach wieder auf. Das ist nicht unbedingt etwas Schlechtes. Es ist keine Niederlage, wenn sich Leute einfach an einem anderen Ort treffen. Wir haben Gemeinschaften gegründet, die wieder aufgelöst wurden. Das hatte zur Folge, dass die Leute zu anderen Gruppen gingen, wo sie Wachstum erlebten. Wir sollten nicht so viel Angst davor haben. Es geht nicht darum, Leute an einem bestimmten Ort oder in einer bestimmten Gemeinschaft zu versammeln. Es geht darum, Leute auszusenden. Anstatt eine große Gemeinschaft zu sein, können wir selbst eine Gemeinschaft beginnen oder anderen helfen, einen von vielen kleinen Teilen der großen Gemeinschaft von Christus zu starten.

Leute, die nach diesem Konzept arbeiten, teilen sich oft in mehrere kleine Gemeinschaften auf, wenn sie „zu viele“ werden. Wir haben dies auch schon ausprobiert, aber es hat nicht funktioniert. Eine Gemeinschaft aufzuteilen, kann schwierig sein, da auch gute Beziehungen getrennt werden können. Stattdessen ist es einfacher, es zu vermeiden, zu viele Leute in einer Gemeinschaft zu haben, indem man neue Gemeinschaften gründet. Ein Beispiel: In einer Gemeinschaft, die wir hatten, erlebten wir, dass eine Familie aus einem Nachbarort gerettet wurde. Als sich die Familie uns anschloss, wurden wir zu viele für unser Wohnzimmer. Stattdessen hätten wir Leute zu ihnen aussenden sollen, um ihnen zu helfen, in ihrem Zuhause eine eigene Gemeinschaft zu beginnen. Leider haben wir das damals nicht verstanden, da wir versuchten, so groß wie möglich zu werden. Hätten wir das aber getan, dann hätte es nicht nur eine, sondern zwei Gemeinschaften gegeben, und wir hätten uns immer noch jede zweite Woche oder einmal im Monat alle zusammen treffen können, um gemeinsam Gott zu loben.

Ich bin davon überzeugt, dass Gott möchte, dass es genau so geschieht. Wir werden noch viel mehr eigenständige Gemeinschaften in verschiedenen Städten sehen. Diese Gemeinschaften können sich alle zwei Wochen oder einmal im Monat treffen, um gemeinsam eine Party zu feiern und Gott zu loben. Auf diese Weise können wir kleine, eigenständige Gemeinschaften sein und gleichzeitig auch noch größere Treffen erleben, die ebenfalls wichtig sind.

Ohne Zweifel ist dies der Weg nach vorn für die Kirche in Dänemark und vielen anderen Ländern. In den letzten paar Jahren haben wir über hundert Leute in verschiedenen Gruppen getauft, denen wir bei der Gründung geholfen haben oder zu denen Beziehungen entstanden sind. Ich kenne keine andere Gemeinschaft, die das gleiche Wachstum durch so wenige Personen erlebt hat. Der Grund für dieses Wachstum ist, dass „Gemeinde" und Mission nicht auf einen spezifischen Ort oder wenige Personen beschränkt werden, sondern es breitet sich aus wie Wellen im Wasser. Neu zum Glauben Gekommene beginnen Gemeinschaften in ihren Häusern und führen andere Familien und Freunde zum Glauben an Jesus Christus. Es sind diese neuen Gläubigen, welche die noch neueren Gläubigen taufen, da sie diese zur Errettung geführt haben. Das kann wirklich zu einer Revolution führen, die nicht gestoppt werden kann, eine Revolution, die sich überallhin ausbreitet. Wir müssen wieder anfangen, Jünger zu machen, so wie Jesus uns beauftragt hat.

Ich möchte das Wachstum, wie wir es in den neuen Gemeinschaften erlebt haben, nicht „Erweckung“ nennen, aber auch die kleinen Dinge, die wir heute mit Gott erleben, können zu etwas sehr Großem werden, wenn sie wachsen.

Die letzten paar Male, als ich eine neue Gemeinschaft gegründet habe, wurden in den ersten zwei Jahren etwa zehn Personen gerettet, was nicht nach viel klingt. In Bezug auf Wachstum bedeutet das aber mehrere hundert Prozent. Stell dir mal eine Gemeinde mit fünfzig Personen vor, welche jedes Jahr nur um 100 Prozent wächst! Nach einem Jahr wären es 100 Personen, das nächste Jahr 200, danach 400, 800, 1.600, 3.200 usw. In fünfzehn Jahren hätte allein diese Gemeinde 1,6 Millionen Mitglieder und wäre damit die größte Gemeinde der Welt. Das größte Gemeindewachstum findet heute vermutlich in China statt, wo die Gemeinschaften aus vielen kleinen, eigenständigen Versammlungen bestehen. Das erklärt vermutlich, warum das Wachstum so bemerkenswert ist. Neue Christen werden zu Jüngern gemacht, die Jesus nachfolgen, und sie wachsen schnell, weil diese kleinen Gruppen das optimale Umfeld für Jüngerschaft und persönliches Wachstum sind.

Die meisten Gemeinden in den westlichen Ländern mit 200 bis 300 Mitgliedern, haben ein Wachstum von nur wenigen Prozent. Es kann sein, dass sie tatsächlich wachsen, aber der Prozentsatz des Wachstums ist sehr klein im Vergleich zur Gesamtgröße. Der Weg nach vorn ist das Gründen von vielen kleinen Gemeinschaften.

Wenn wir heute über Gemeinschaften sprechen, neigen wir dazu, auf einige Pastoren in den USA zu hören, welche Kirchen gegründet haben, die in nur 15 bis 20 Jahren auf 10.000 Mitgliedern angewachsen sind.

Natürlich ist das hervorragend, aber wenn man genau hinschaut, sieht man, dass das Wachstum in Prozenten nicht so groß ist, vor allem wenn man nur die neuen Christen zählt. Ein großer Teil des Wachstums in diesen Kirchen rührt daher, dass Christen aus anderen Gemeinden dazukommen. Das Wachstum, das wir in diesen Gemeinden sehen, ist immer noch großartig, reicht aber nicht annähernd an das heran, was wir an vielen anderen Orten der Welt sehen. In China, zum Beispiel, sehen wir ein ganz anderes Wachstum. Dort reden wir von kleinen Gemeinschaften, die in den gleichen 15 bis 20 Jahren um mehrere hunderttausend Personen anwachsen und wo die Wachstumsrate über die Zeit noch steigt. Leider hören wir nicht so viel davon.

Stell dir vor, 1.000 Christen würden 500 kleine Gemeinschaften gründen. Würden sie dasselbe Wachstum erleben wie wir, würden die 500 Gemeinschaften 5.000 neue Christen gewinnen, und das in gerade mal zwei Jahren. Wow, das wäre toll!

Und stell dir vor, was geschehen würde, wenn sie diese 5.000 neuen Gläubigen zu Jüngern machen würden, sodass diese dasselbe tun können, dann gäbe es in wenigen Jahren 50.000 neue Christen. Und in 15 bis 20 Jahren wären es fünf Millionen neue Christen. Die einzige dafür angemessene Bezeichnung wäre Erweckung!

Aber was ist, wenn unser hypothetisches Experiment nicht ganz realistisch ist? Sagen wir, das Wachstum würde nur zehn Prozent vom angenommenen Wachstum sein. Ein Zehntel wären immer noch viele hunderttausend neue Christen in wenigen Jahren. Anstatt zu warten, dass etwas ganz Großes geschieht, können wir mit kleinen einfachen Dingen beginnen, die so viele andere auch tun. Beginne damit, das zu tun, wozu uns die Bibel auffordert!

Kapitel 22

Einfache Treffen

In diesem Buch habe ich absichtlich den Begriff „Hausgemeinschaft“ gebraucht, aber dieses Wort drückt nicht wirklich genau das aus, was ich meine. Der Grund liegt darin, dass es heute viele Hausgemeinschaften bzw. Hausgemeinden gibt, die den traditionellen Kirchen sehr ähneln. Sie haben einen Leiter, der fast immer der einzige ist, der spricht, und sie haben ein vorgegebenes Programm. Für die Taufe ist der Leiter verantwortlich. In anderen Worten, sie sind kleine Versionen von traditionellen Gemeinschaften, nur dass anstelle eines öffentlichen Gebäudes ihr Zuhause ihr Kirchengebäude ist.

Ich weiß, dass viele sich unter einer Hausgemeinschaft das Gleiche vorstellen, da sie an vielen Orten genau so aussehen. Hätte ich persönlich die Wahl zwischen einer solchen Hausgemeinschaft und einer traditionellen Freikirche, würde ich vermutlich die Freikirche wählen. Es geht ja nicht darum, sich, statt in einem Kirchengebäude, nun zu Hause zu treffen. Es geht um all das andere, was du in diesem Buch gelesen hast. Es geht darum, Leute zu Jüngern Jesu zu machen und damit seinem Gebot zu gehorchen. Dafür muss man sich noch nicht einmal in einem Haus treffen. Man kann sich in einem Café, am Strand oder sonst einem Ort – selbst in einem Kirchengebäude – treffen. Letzteres ist allerdings schwieriger, da viele dazu tendieren, sobald sie in ein Kirchengebäude eintreten, unglaublich religiös zu werden. Aus diesem Grund versuche ich, wenn möglich, den Begriff „Gemeinschaft“ zu vermeiden, da er wie die anderen Begriffe „Kirche“ oder „Gemeinde“ Erwartungen weckt, die mit der Kirchenkultur zu tun haben. Es ist aber sehr schwierig, diesen Begriff komplett zu vermeiden, weil es für dich sonst schwierig wäre zu verstehen, worüber wir hier reden. Ich persönlich mag den Begriff „einfache Treffen bzw. Versammlungen", da er besser beschreibt, was Gott initiieren möchte. Es geht darum, sich miteinander und mit Gott zu versammeln. Es geht darum, dass wir Jesu Jünger sind und dass wir andere zu seinen Jüngern machen sollen, zu Jüngern, die unserem Herrn in Wort und Tat gehorchen. Dies soll so einfach wie möglich geschehen, sodass es leicht vervielfältigt und ausgebreitet werden kann. Wir müssen die Kirchenkultur ablegen, die uns davon abhält, die Gemeinde zu bauen, die Gott haben möchte. Das ist vielleicht einfacher, wenn wir aufhören die Begriffe „Kirche", „Gemeinde", „Gemeinschaft" oder sogar „Versammlung" zu verwenden.

Wenn wir Leute aus einer traditionellen Kirche fragen, ob sie den Wunsch haben, eine Gemeinschaft zu gründen, würden die meisten sagen: „Nein danke." Ihre Vorstellung von dem, was es bedeutet, eine Gemeinschaft zu gründen, macht ihnen Angst. Sie haben beobachtet, was für Probleme auf einem zukommen, wenn man Leiter einer traditionellen Gemeinde ist. Denke an all das Geld, das nötig wäre, sowie die Regeln, die Planung, die Kirchenpolitik usw. Eine traditionelle Gemeinde zu gründen, ist sehr aufwändig und darum wohl auch der Grund, warum es heute so wenig neue Gemeinden gibt. Und es ist auch der Grund, warum immer mehr Gemeinden keinen Pastor mehr haben.

Ich wollte in keiner Gemeinde irgendwo Pastor sein. Heute jedoch wäre es kein Problem für mich, jeden Tag eine neue Gemeinschaft zu starten, wenn Gott es so will. Es muss nicht so kompliziert sein, wie wir es gerne machen. Es braucht weder Regeln noch eine Webseite noch ein Programm usw. Und du musst die Verantwortung nicht alleine tragen. Wenn wir uns in einer flachen Struktur treffen, arbeiten alle zusammen, um die Herde zu ernähren, und jeder hilft mit. Das Einzige, was in diesem Fall wirklich gebraucht wird, ist, dass du anfängst, dich mit ein paar Leuten zu treffen, und dass ihr euch gemeinsam darauf konzentriert, wie alle auf die Art und Weise Jünger sein können, wie es Jesus geboten hat. Ihr könnt z. B. damit anfangen, dass ihr zusammen esst und eure Erlebnisse mit Jesus einander erzählt.

Wenn euch Freunde besuchen und ihr über Jesus sprecht, gibt es da jemand, der das Zusammensein leitet? Habt ihr ein Programm erstellt, was ablaufen soll? Natürlich nicht! Warum eine so große Sache daraus machen, wenn dies genauso sehr „Kirche“ darstellt wie ein normaler Gottesdienst am Sonntagmorgen? Jesu hat das einzig Notwendige klar benannt:

> *Denn wo zwei oder drei in meinem Namen versammelt sind, da bin ich in ihrer Mitte* (Mt 18,20).

Lade Leute zu dir zum Essen ein! Esst zusammen und gedenkt an Jesus, indem ihr das Abendmahl teilt! Nachdem ihr gegessen habt, kann jeder ein wenig von dem erzählen, was er in den letzten Tagen erlebt hat. Danach könnt ihr miteinander beten und auf Gott hören, was er euch sagen möchte. Jemand oder mehrere können etwas aus der Bibel weitergeben und ihr könnt darüber reden. Das ist nur ein Beispiel, wie man es machen kann. Achtet einfach darauf, dass ihr es nicht jedes Mal gleich macht, weil es sonst sehr schnell wieder zu einem Ritual werden kann.

In Wirklichkeit ist es so, dass die meisten Leute so etwas mit ihren Freunden und Verwandten bereits gemacht haben, es aber nicht als Kirche betrachtet haben. Sie hatten ganz einfach einen schönen und angenehmen Abend miteinander, und alle hatten etwas davon. Ja, oft sogar mehr, als sie aus einem „normalen“ Gottesdienst mitnehmen würden. Trotzdem halten wir es nicht für die „echte Kirche“. Wir machen es deshalb nicht regelmäßig und geben ihm auch keine hohe Priorität.

Doch warum ist das so? Warum treffen wir uns nicht öfter auf diese Weise und laden ab und zu Nichtchristen zu uns nach Hause ein, statt in die Kirche? Würden wir das tun, dann würden wir Wachstum sehen! Warum es also kompliziert machen?

„Na klar, weil wir natürlich einen Pastor brauchen, um eine Gemeinschaft zu gründen.“ Nein, das braucht man nicht! Wo in der Bibel steht das? In den ersten Gemeinschaften suchte man eine Person des Friedens und blieb dort. Sie trafen sich in ihren Häusern und taten all die Dinge, die wir gelesen haben. Sie aßen zusammen, nahmen das Abendmahl ein und teilten das Leben miteinander. Sie beteten zusammen und teilten das Wort. Sie waren zusammen mit Christus. Sie hörten, was Jesus ihnen sagen wollte, und dann taten sie es. Neue Jünger stellten Fragen und lernten von denen, die schon erfahrener und reifer waren. Sie machten sich keine Gedanken, wer ein Ältester oder Pastor sein sollte, da sie wie eine Familie zusammen waren. Nach einer gewissen Zeit wurde es ganz natürlich klar, wer ein Ältester oder Moderator der Versammlung war – derjenige, der voranging und alles zusammenhielt. Doch diese Person kontrollierte nicht alles. Man legte ihr die Hände auf und setzte sie als Älteste ein.

Einen Ältesten zu ernennen war nicht wie heute, wo man die Autorität an eine bestimmte Person delegiert. In den ersten Gemeinschaften war es mehr eine Bestätigung der Gabe und Berufung, die für jeden in der Gemeinschaft bereits klar war. Es war nicht etwas, das man am ersten Tag des Treffens tat. Es geschah nach einiger Zeit, wenn allen klar war, wer Ältester war. Wir können das bei Paulus sehen, als er zu Titus sagte:

> *Ich habe dich auf Kreta zurückgelassen, damit du das noch nicht Erledigte in Ordnung bringst und so, wie ich es dir aufgetragen habe, in den einzelnen Städten Älteste einsetzt* (Tit 1,5 NEÜ).

Diese „eingesetzten Ältesten" waren den anderen in den Gemeinschaften schon gut bekannt, und so konnten sie den eigenständigen Gemeinschaften dienen. Es geht darum, die Dinge so einfach zu halten, wie wir es in der Bibel sehen. Es braucht keine Mitgliedschaft, Regeln, Programme, Gebäude, Webseiten und all das. Was die Finanzen angeht, gibt man einfach so viel, wie man den Eindruck hat, dass man geben soll. Man kann einander helfen, das Evangelium zu verbreiten, und auch diejenigen unterstützen, die einen Reisedienst haben.

Die ersten Gemeinschaften hatten auch keine Namen. Als Paulus an eine bestimmte Gemeinde dachte, schrieb er:

> *Grüßt die Geschwister in Laodizea, besonders Nympha und die Gemeinde, die in ihrem Haus zusammenkommt* (Kol 4,15 NGÜ).

(Beachte, dass auch Frauen in den ersten Gemeinschaften dienen konnten, und ich spreche hier nicht davon, Essen zu servieren.)

Darum ist die Bezeichnung „Gemeinschaft im Haus bzw. in der Wohnung von …" oder „Treffen bei …" gut genug. Selbstverständlich ist es etwas Natürliches, einen Namen zu haben, doch auch hier gilt: Halte es einfach!

Die ersten Gemeinschaften waren kleine eigenständige Versammlungen, die eine sehr einfache Struktur hatten. Sie waren Teil eines Netzwerkes, sodass ab und zu Reisende bei ihnen vorbeikamen, um ihnen mit ihren Gaben zu dienen und so die Heiligen zuzurüsten.

Hans P. Pedersen schreibt in seinem Buch „2000 years with the Holy Spirit" („2000 Jahre mit dem Heiligen Geist"):

> Die Gemeinschaften waren eigenständig, waren aber ideale geistliche Versammlungen. Sie waren miteinander verbunden, halfen einander, und verschiedene gemeinsame Ziele schweißten sie zusammen. Die Gemeinschaften waren insbesondere durch reisende Prediger miteinander verflochten, die charismatische Gaben hatten und darauf bedacht waren, dass die Gemeinschaften geistlich gut versorgt waren und wuchsen. Andere leitende Personen waren Apostel, Propheten, Lehrer, Hirten und Evangelisten, die für bestimmte Zeiten den Gemeinschaften dienten. Die einzelnen Gemeinschaften waren nicht durch eine Organisation miteinander verbunden. Die ersten Christen waren nicht durch Institutionen gelähmt oder in Organisationen eingesperrt, sondern ließen sich hauptsächlich durch den Heiligen Geist leiten. Die Gemeinschaften wurden durch den Heiligen Geist gelehrt und erbaut, und bevorstehende Ereignisse wurden vorhergesagt.[1]

Als Paulus seine Briefe schrieb, wollte er, dass diese auch in den anderen Versammlungen vorgelesen werden.

> *Und wenn der Brief bei euch gelesen ist, so sorgt dafür, dass er auch in der Gemeinde der Laodizeer gelesen wird, und dass ihr auch den aus Laodizea lest* (Kol 4,16).

Haltet also die Dinge einfach! Beginnt einfach damit, euch zu treffen, und die Dinge werden sich so ausgestalten, wie der Geist leitet.

Wenn wir über Kirche reden, vergessen wir schnell, was die eigentliche Aufgabe der Kirche ist. Oft konzentrieren wir uns mehr darauf, wie man Kirche machen sollte, als darauf, Jünger zu machen, so wie Jesus es geboten hat. Deshalb wollen wir uns darauf

[1] Hans P Pedersen, Proskrift, 1999, S. 21.

konzentrieren, Jünger zu machen und es Jesus überlassen, seine Gemeinde zu bauen.

Wenn man mich fragt, was meiner Meinung nach der beste Weg ist, wie man Kirche macht, dann sage ich normalerweise:

> Nimm dir die nächsten sechs Monate Zeit, Jünger zu machen. Dein einziger Fokus und das einzige Ziel muss es sein, Jünger Jesu zu machen. Tu, was immer du kannst, damit Christen in ihrem Leben mit Gott wachsen und dass neue Leute zum Glauben kommen und im Glauben wachsen. Wenn das dein Ziel ist, wird es dich automatisch weiterführen zu dem, was du als Nächstes tun sollst. Wenn du das ein halbes Jahr lang gemacht hast, glaube ich, dass du zurückschauen und dir sagen wirst: „… Was wir die letzten sechs Monate getan haben, ist Kirche …“, selbst wenn es ganz anders aussieht als das, was du normalerweise mit Kirche in Verbindung bringst.

Das ist eine gute Art anzufangen. Im Westen legen wir den Schwerpunkt oft zu sehr auf Details und vergessen dabei gerne, was der Grund ist, warum wir das alles tun. Dann werden all die Details und der Wunsch, alles perfekt zu machen, zum Ziel. In den nächsten Kapiteln wollen wir uns noch ein wenig anschauen, wie man beginnen kann und wie sich die ersten Christen getroffen haben. Aber verlier das Ziel nicht aus den Augen: Alles dreht sich darum, Jünger zu machen!

Kapitel 23

Essen, Gemeinschaft und Gebet

Und sie blieben beständig in der Lehre der Apostel und in der Gemeinschaft und im Brotbrechen und in den Gebeten (Apg 2,42).

Hier finden wir vier Dinge, an denen die ersten Christen festhielten.

In diesem Kapitel sehen wir uns die Lehre der Apostel an. Die Versammlungen waren ein beständiger Teil des Lebens der ersten Christen. Sie waren nicht nur für einige Zeit Mitglieder derselben Gemeinde, nein, sie waren eine Familie. Sie versammelten sich täglich und verkauften ihren Besitz, um sich gegenseitig zu helfen, wenn es nötig war.

... sie verkauften die Güter und Besitztümer und verteilten sie unter alle, je nachdem einer bedürftig war (Apg 2,45).

Gemeinschaft ist wichtig. Wir alle brauchen Freunde und andere Menschen, die uns nahestehen. Eine größere Gemeinde bedeutet nicht unbedingt mehr Freunde, oft ist es dort sogar schwieriger, enge Freundschaften zu schließen. Wir grüßen uns bei den Treffen und kennen die Namen voneinander, aber häufig bleibt es dabei. Dies ist ein weiterer Grund, warum wir kleine Versammlungen brauchen, in denen man sich richtig kennenlernen kann. Kleine Versammlungen sind wie kleine Familien.

Diese ersten Gemeinschaften in Jerusalem trafen sich nicht nur zuhause, sondern auch in der Stadt, insbesondere im Gebiet um den Tempel herum, was so etwas wie ein Marktplatz für sie war. Dort trafen sie auch andere Brüder und Schwestern, und gemeinsam bezeugten sie den dort vorbeikommenden Leuten Jesus Christus. Den neuen

Christen waren sie ein Vorbild, und sie ermutigten einander ganz praktisch.

Genauso wichtig wie das Zusammenkommen in kleinen Versammlungen ist, dass wir uns in größeren Versammlungen treffen, damit wir erkennen, dass wir Teil eines größeren Ganzen sind. Deshalb ist es hilfreich, dass wir Beziehungen zu anderen Gemeinschaften pflegen, sodass sich manchmal alle gemeinsam treffen können.

Wir lesen in der Schrift, dass Gott täglich diejenigen, die gerettet wurden, hinzufügte. Diese Neubekehrten wurden hauptsächlich auf dem Tempelplatz gewonnen und wurden dann Teil der kleinen Versammlungen.

> *Tag für Tag kamen sie einmütig im Tempel zusammen, und in ihren Häusern brachen sie das Brot und trafen sich mit jubelnder Freude und redlichem Herzen zu gemeinsamen Mahlzeiten. Sie lobten Gott und waren im ganzen Volk angesehen. Täglich fügte der Herr solche, die gerettet wurden, ihrer Gemeinschaft hinzu* (Apg 2,46-47 NeÜ).

Das Brechen von Brot war ein anderer bedeutsamer Teil der ersten Gemeinschaften. Dieses Brotbrechen war Teil der gemeinsamen Mahlzeiten, bei denen sie nicht nur zusammen aßen, sondern auch Spaß hatten. In der „Everyday Danish Bible" („Dänische Alltagsbibel") wurde der Begriff für „Brotbrechen" mit „gemeinsame Mahlzeit" übersetzt und wie folgt begründet:

> Der Text hier spricht über das „Brotbrechen". Dies war als Teil einer gemeinsamen Mahlzeit sowieso üblich, beinhaltete aber zugleich auch die Feier des Abendmahls als Gemeinschaft mit Christus (Dänische Alltagsbibel, S. 177).

Gemeinsame Mahlzeiten sind ein wichtiger Teil einer jeden Kultur. Wenn wir zusammen essen, lernen wir einander besser kennen. Wir entspannen uns und das Gespräch entwickelt sich auf natürliche Art und Weise. Nichts hilft so sehr wie eine gute Mahlzeit, um eine Freundschaft zu vertiefen.

Dann können wir auch noch lesen, dass die Apostel im Gebiet blieben. Gebet bringt Dinge ins Rollen. Ohne Gebet geschieht nichts.

Gebet ist ein wichtiger Teil, wenn wir uns miteinander und mit Gott versammeln. Der Grund dafür ist, dass Gebet etwas sehr Intimes ist. Wenn wir laut beten, zeigen wir den anderen, was in unserem Herzen ist. Dadurch lernen wir einander gut kennen.

Vor ein paar Jahren gingen Lene und ich zu einer Schulung. Es waren mehrere Russen an dieser Schule. Alle Russen konnten Englisch sprechen, aber nur ganz wenige von ihnen beteten auf Englisch. Drei Monate später war die Schulung vorbei und ich hatte gelernt, wie wichtig gemeinsames Gebet ist, wenn es darum geht, einander kennenzulernen. Ich hatte nur mit den Russen, die auf Englisch gebetet hatten, eine echte Beziehung aufgebaut. Es war, als ob sie ihre Herzen und ihre tiefsten Wünsche durch Gebet offengelegt hätten, Wünsche, die ich verstehen und nachempfinden konnte. Darum ist Gebet ein so wichtiger Teil einer Versammlung. Gemeinsames Gebet hilft uns, dass wir uns gegenseitig kennenlernen. Wir können sehen, was in den Leuten vorgeht und was ihnen auf dem Herzen liegt.

Gebet ist auch ein wichtiger Teil, um mit Gott Gemeinschaft zu haben. Gebet bedeutet nicht nur, dass wir mit Gott reden, sondern dass er auch zu uns spricht. Gebet sollte immer eine Kommunikation in beide Richtungen sein. Im Gebet reden wir mit Gott, suchen ihn, sind still vor ihm und redet er mit uns. Gebet verändert Dinge. Ohne Gebet gibt es keine Erweckung. Ohne Gebet wird sich nichts verändern.

Diese drei Dinge, zusammen mit der Lehre der Apostel (die wir uns im nächsten Kapitel anschauen werden), waren wichtige Teile des praktischen Lebens der ersten Gemeinschaften. Die Gemeinschaft war wie eine Familie. Sie aßen zusammen, feierten das Abendmahl, suchten gemeinsam Gott und hielten an der Lehre der Apostel fest. Es gab kein Gebäude, keine Mitgliedschaft oder irgendeine Organisation, die sie zusammenhielt.

In diesem Kapitel haben wir über die Grundbausteine für kleine Gemeinschaften gesprochen. Natürlich gibt es noch mehr Aspekte dazu, und jede Gruppe wird ihre eigene Identität und Zielrichtung haben.

Bei manchen Gruppen wird der Schwerpunkt mehr auf Evangelisation liegen, während er bei anderen eher auf Gemeinschaft und dem Gebet liegt. Aus diesem Grund sind die Reisedienste sehr wichtig, da sie den einzelnen Gruppen helfen, sich in all den verschiedenen

Bereichen weiterzuentwickeln, damit sie stark und ausgewogen sind. Jede einzelne Gruppe sollte den Blick nach „oben“, nach „innen“ und nach „außen“ richten. Nach oben zu Gott, nach innen zueinander und nach außen zu anderen. Aus diesem Grund hat Gott uns den fünffachen Dienst gegeben, um die Gemeinschaften zu besuchen und sie in diesen verschiedenen Bereichen auszubilden.

Kapitel 24

Die Lehre der Apostel

In diesem Buch habe ich immer wieder darauf hingewiesen, wie wichtig es ist, die richtige Struktur für unsere Gemeinschaften zu haben. Die richtige Struktur macht uns effektiver, Menschen zu Jüngern Jesu zu machen. Allerdings reicht die richtige Struktur dafür alleine nicht aus.

Ich bin davon überzeugt, dass wir vor der dritten und möglicherweise letzten Reformation stehen, bevor Jesus wiederkommt. Bei dieser Reformation geht es hauptsächlich um die Struktur der Gemeinschaft. Ich weiß aber auch, dass, wenn Satan es auf eine Weise nicht stoppen kann, er es auf eine andere versuchen wird. Kann er den Durchbruch von etwas Neuem nicht stoppen, dann wird er versuchen es zu verfälschen. Er wird versuchen, etwas zu kreieren, das dem ähnlich ist, was Gott tut, damit er uns verwirren und uns zu einer negativen Haltung demgegenüber bringen kann, was tatsächlich von Gott kommt.

Eine andere Taktik Satans ist, Verwirrung zu stiften und Zweifel darüber zu säen, was Gott wirklich sagt. Dies tut er, weil er weiß, dass wir ohne Gottes Wort vom Weg abkommen werden. Als Satan Eva im Garten Eden versucht hatte, tat er es mit diesen Worten: *„Hat Gott wirklich gesagt ...?“* (1 Mose 3,1). Und als er später Jesus in der Wüste versuchte, benutzte er die gleiche Taktik. Dieses Mal riss er aber das Wort aus dem Zusammenhang, in dem es geschrieben war, damit es so aussah, als habe Gott etwas gesagt, was gar nicht stimmte.

Und er führte ihn nach Jerusalem und stellte ihn auf die Zinne des Tempels und sprach zu ihm: Wenn du der Sohn Gottes bist, so

> *stürze dich von hier hinab; denn es steht geschrieben: „Er wird seinen Engeln deinetwegen Befehl geben, dass sie dich behüten, und sie werden dich auf den Händen tragen, damit du deinen Fuß nicht an einen Stein stößt." Und Jesus antwortete und sprach zu ihm: Es ist gesagt: „Du sollst den Herrn, deinen Gott, nicht versuchen!"* (Lk 4,9-12).

Satan arbeitet auch heute noch auf diese Weise. Er sagt dann: „Hat Gott tatsächlich gesagt …?" Er sät Zweifel und Verwirrung über das, was Gott gesagt hat. Oder er sagt: „Es steht geschrieben …" und reißt das ganze Wort aus dem Zusammenhang, um so Gottes Wort zu verdrehen. Genau das geschieht heute um uns herum. Paulus schrieb den Korinthern:

> *Denn ich kämpfe mit leidenschaftlichem Eifer um euch, mit einem Eifer, den Gott selbst in mir geweckt hat. Wie ein Vater seine Tochter mit dem einen Mann verlobt, für den sie bestimmt ist, so habe ich euch mit Christus verlobt, und mir liegt alles daran, ihm eine reine, unberührte Braut zuzuführen. Ich fürchte jedoch, es könnte euch gehen wie Eva. Eva wurde auf hinterlistige Weise von der Schlange verführt, und genauso könnten auch eure Gedanken unter einen verhängnisvollen Einfluss geraten, sodass die Aufrichtigkeit und Reinheit eurer Beziehung zu Christus verloren gehen. Wenn nämlich jemand kommt und euch einen anderen Jesus verkündet als den, den wir verkündet haben, dann lasst ihr euch das nur allzu gern gefallen. Ihr findet nichts dabei, euch einem anderen Geist zu öffnen als dem, den ihr durch uns bekommen habt, oder ein anderes Evangelium anzunehmen als das, das ihr von uns angenommen habt. Dabei bin ich überzeugt, dass ich mich in keiner Beziehung vor diesen Superaposteln verstecken muss* (2 Kor 11,2-5 NGÜ).

Danach spricht Paulus weiter über die falschen Apostel. Er warnte, dass wir uns nicht von der reinen und einfachen Hingabe an Christus abwenden. Es geht um Jesus und darum, dass wir als seine Gemeinde eine heilige und reine Braut sein sollen. Wir müssen uns vor jeder Lehre in Acht nehmen, die uns von Jesus und unserer reinen Hingabe an ihn ablenken wollen.

Die Bibel sagt ganz deutlich, dass in den letzten Tagen viele vom Glauben abfallen werden, weil sie verführerischen Lehren zuhören (1 Tim 4,1). Diese Stelle spricht von der Zeit, in der wir heute leben. Darum ist es wichtig, dass wir genauso an der Apostellehre festhalten, wie es ersten Gemeinschaften taten. Heute sind die ersten Apostel nicht mehr unter uns, aber was sie gesagt haben, steht in der Bibel. Die vier Evangelien von Jesus Christus und das restliche Neue Testament sind das, was wir die Lehre der Apostel nennen.

Ich finde, dass Paulus diese Zeit, in der wir leben, wirklich gut beschrieben hat:

> *Der Geist aber sagt ausdrücklich, dass in späteren Zeiten etliche vom Glauben abfallen und sich irreführenden Geistern und Lehren der Dämonen zuwenden werden durch die Heuchelei von Lügenrednern, die in ihrem eigenen Gewissen gebrandmarkt sind* (1 Tim 4,1-2).

Später schreibt er an Timotheus folgende Warnung:

> *Ich beschwöre dich vor Gott und vor Jesus Christus, der über die Lebenden und die Toten Gericht halten wird; und im Blick auf seine sichtbare Wiederkunft und die Aufrichtung seines Reiches flehe ich dich an: Verkündige die Botschaft Gottes! Tritt für sie ein, ob es den Leuten passt oder nicht. Rede ihnen ins Gewissen, warne und ermahne sie! Verliere dabei aber nicht die Geduld, unterweise sie gründlich! Denn es wird eine Zeit kommen, da werden sie die gesunde Lehre unerträglich finden und sich Lehrer nach ihrem Geschmack aussuchen, die ihnen nur das sagen, was sie gern hören wollen. Vor der Wahrheit werden sie dann ihre Ohren verschließen und sich stattdessen mit Legenden und Spekulationen abgeben* (2 Tim 4,1-4 NEÜ).

Wir leben wahrhaftig in einer Zeit, wo sich viele Leute Lehrern anschließen, deren Lehren sie hören möchten, während sie ihre Ohren vor der Wahrheit und gesunden Lehre verschließen.

Paulus sagt später, dass gesunde oder vernünftige Lehre die Lehre ist, welche Gottesfurcht hervorbringt. In welcher Kirche hören wir diese gesunde Lehre, die zu Gottesfurcht führt? Leider kommt es heute oft vor, dass der Respekt vor dem heiligen und gerechten Gott in den Gemeinden fehlt. Weltliches Denken hat sich in so viele Kirchen eingeschlichen, obwohl Gott sagt, dass wir uns von der Welt absondern sollen, sodass er uns annehmen kann (vgl. 2 Kor 6,17 NGÜ).

Heutzutage erlauben wir Dinge in unserem Leben und unseren Gemeinschaften, über die Gottes Wort sagt, dass wir sie nicht dulden sollen. Viele Christen leben wie „die Leute in der Welt". Der einzige Unterschied ist, dass sie sonntags zur Kirche gehen. Das ist aber nicht, was Christsein ausmacht! Es zeigt nur, dass heutzutage viele zur Kirche gehen, die noch nicht gerettet sind. Sie müssen ihr Christenleben erst noch beginnen und sich vom alten Leben abwenden, indem sie in Christus hineingetauft werden.

Jesus kam, um für sich selber heilige und gehorsame Leute zu gewinnen, die begierig danach sind, gute Taten zu tun (vgl. Tit 2,14). Heute sehen wir, dass junge Leute aus einer Gemeinde miteinander schlafen, bevor sie verheiratet sind, und somit in Unzucht leben. Wir sehen Scheidungen und Wiederverheiratungen, als ob es das Normalste der Welt sei. Alle diese Dinge sind aber Symptome eines inneren Problems. Sie zeigen, dass wir abgefallen sind von dem wahren Leben in der Kraft des Heiligen Geistes und von der gesunden Lehre, die zur Gottesfurcht führt.

Das Neue, das Gott tut, muss damit einhergehen, dass wir auf Gottes Wort bauen, und dass wir Gottes Wort als höchste Autorität in unseren Gemeinschaften haben. Wir können schnell ein gutes Gefäß schaffen, aber wenn das, was wir hineinfüllen, schlecht ist, sollten wir es nicht trinken, egal wie gut das Gefäß ist.

Achte auf Jesu Worte über die Endzeit:

> *Und weil die Gesetzlosigkeit überhandnimmt, wird die Liebe in vielen erkalten* (Mt 24,12).

Hast du gemerkt, dass es Gesetzlosigkeit und nicht Gesetzlichkeit ist, die überhandnehmen wird? Heute reden einige so viel gegen Gesetzlichkeit, dass sie auf der anderen Seite vom Pferd in die Gesetzlosigkeit gefallen sind, obwohl Jesus klar macht, dass unser größtes Problem nicht Gesetzlichkeit, sondern Gesetzlosigkeit ist. In der Kirche lebt heute eine ganze Generation in der Gesetzlosigkeit. Sie leben in

Sünde und rebellieren gegen Gottes Gesetz, gegen Moral und gegen die zehn Gebote. Gottes Gesetz sollte aber in ihrem Innern sein, wenn sie wahrhaftig wiedergeboren sind.

> *Dann werde ich zu ihnen sagen: „Ich habe euch nie gekannt. Geht weg von mir, ihr mit eurem gesetzlosen Treiben!"* (Mt 7,23 NGÜ).

„Ihr mit eurem gesetzlosen Treiben." Ihr die ihr gesetzlos seid und in der Sünde lebt, wie die Welt es tut. Das ist gemeint mit dem Begriff „Gesetzlosigkeit". Es ist so wichtig, dass wir an der Lehre der Apostel festhalten, die wir in der Bibel finden.

Hier sind ein paar Beispiele davon, was man heute alles zu hören bekommt:

- „Hat Gott wirklich gesagt, dass er jemanden in die Hölle verdammen will?"
- „Hat Jesus wirklich gesagt, dass die Tür, die zum Leben führt, eng und der Weg schmal ist?"
- „Hat Jesus wirklich gesagt, dass Unzüchtige, Lügner, Diebe und habgierige Leute Gottes Königreich nicht erben werden?"
- „Hat Jesus wirklich gesagt, dass wir an ihn glauben sollen? Sollen wir nicht vielmehr an uns selbst glauben?"

Wir müssen deshalb wachsam sein, sodass wir uns nicht abwenden von der schlichten und reinen Hingabe an Jesus Christus und sein Wort. Wir müssen an der Lehre der Apostel festhalten. Wir müssen in der Kraft des Heiligen Geistes als wahre Jünger Jesu Christi leben. Darum geht es in meinem Buch „Christ, Jünger oder Sklave?".

Wenn der Inhalt nicht stimmt, dann ist die Struktur völlig unerheblich. Gottes Wort sollte in unseren Versammlungen die höchste Autorität haben. Wenn wir zusammen sind, basiert alles, was wir tun, auf Gottes Wort und der Lehre der Apostel. Wenn wir eine Frage haben, dann ist es Gottes Wort, wo wir nachschauen müssen. Eine Gemeinschaft wird auf eine gesunde Art wachsen, wenn wir Gottes Wort als oberste Autorität akzeptieren und dem Wirken des Heiligen Geistes Raum geben. Aber wenn eines dieser beiden Dinge fehlt, wird es scheitern, egal wie die Strukturen aussehen.

Kapitel 25

Möge die Reformation beginnen!

Vor acht Jahren erhielt ich eine Prophetie von einem anerkannten schwedischen Propheten, der inzwischen gestorben ist. Er hieß John Brandström. Als ich diese Prophetie bekam, glaubte ich, bereits zu wissen, um was es ging, doch war dem ganz und gar nicht so. Erst jetzt beginne ich, sie zu verstehen. Die Prophetie, die ich erhielt und die auch mit dir zu tun hat, ist:

> Ein neuer Tag bricht an, wo es nicht länger um Programme und Systeme geht. Ich möchte meine Kirche darüber hinausführen und sie durch meinen Heiligen Geist leiten lassen. Lasst mich meine Gemeinde durch den Heiligen Geist bauen, und es wird Offenbarungen geben, und du wirst einer der Ersten sein, der das leben wird.“

Ja, ein neuer Tag bricht für uns alle an. Gott ist tatsächlich auf dem Weg, seine eigene Gemeinde zu bauen. Willst du dazu gehören? Traust du dich, Programme und Systeme loszulassen und den Heiligen Geist hereinzulassen? Traust du dich, mit Gottes Wort als höchster Autorität hinauszugehen?

Mit diesem Buch wird dasselbe geschehen, wie mit anderen Büchern. Einige werden die Botschaft annehmen und andere nicht. In Markus 4 finden wir das Gleichnis vom vierfachen Ackerfeld. Es gibt verschiedene Reaktionen, wenn Gottes Wort verkündet wird. Dasselbe wird auch mit diesem Buch geschehen. Wenn ich diese Botschaft des Markusevangeliums kurz zusammenfassen würde, sodass sie die Botschaft in diesem Buch widerspiegelt, wäre das ungefähr so:

Das, was auf die Straße fällt, sind jene, die dieses Buch lesen es aber nicht verstehen und es darum auch nicht akzeptieren. Das, was auf den steinigen Boden fällt, sind jene, die die Botschaft dieses Buches sofort annehmen, doch kann sie in ihnen keine Wurzeln schlagen, und darum werden sie in das alte System zurückfallen und vergessen, was sie gelesen haben. Das, was zwischen das Unkraut fällt, sind jene, die die Botschaft verstehen, aber nicht mit den Konsequenzen umgehen können, nämlich, das Bestehende zu verlassen, um in das Neue hinauszugehen. Ihr Umfeld und die Angst vor Widerstand ersticken das Wort, sodass es nichts in ihrem Leben verändert. Und dann gibt es jene, die das Wort verstehen und es annehmen. Sie fangen an, es in sich aufzunehmen, und je mehr ihnen Gott aufzeigt, um was es geht, leben sie in einer immer größeren Freiheit. In der Folge fangen sie an, in eine einfache Versammlung zu gehen, und dann gründen sie selber einfache Versammlungen. Das bedeutet, dass sie Frucht bringen werden: die einen dreißigfach, andere sechzigfach und wieder andere hundertfach.

Du magst nun fragen: „Was ist, wenn jeder die traditionellen Kirchen verlässt und einfache Versammlungen gründet?" Ja, das ist eine gute Frage, die nicht einfach zu beantworten ist. Auf der einen Seite müssen wir die traditionellen Kirchen und wie sie Dinge handhaben, respektieren, denn die meisten von uns verdanken ihnen, dass wir dort sind, wo wir sind. Auf der anderen Seite brauchen wir dringend eine radikale Reformation unseres Systems. Wir müssen uns daran erinnern, dass wir gegen das System sind und nicht gegen unsere Brüder und Schwestern, die im System leben. Ja, wir müssen die Entscheidungen der Leute respektieren, aber dennoch sollen wir mutig sein und den Mund aufmachen. Die Kirche muss wissen, was Gott in seinem Wort sagt und wie Gemeinschaft gedacht ist. Wir sind berufen, Menschen zu Jüngern und nicht zu Kirchenbesuchern zu machen.

„Wie wird die Botschaft aufgenommen werden?" Ich bin überzeugt, dass verschiedene traditionelle Gemeinschaften akzeptieren werden, was ich zu sagen habe, und etwas Gutes davon lernen werden, insbesondere wenn die Leiterschaft mit einbezogen ist. Schließlich ist es nicht einfach, ein solches System von unten nach oben zu verändern. Manche werden das System verlassen müssen, während andere versuchen werden, alles zu vermischen. Doch das wird nicht funktionieren, denn es wäre wie neuer Wein in alten Schläuchen. Hoffentlich wird es einige in den traditionellen Gemeinden geben, die den ganzen Weg gehen werden und das ganze System verändern werden. Vielleicht werden sie sich in einfache kleine Zusammenkünfte aufteilen und anfangen, sich regelmäßig als Netzwerk von Versammlungen zu treffen.

Ehrlich gesagt, finde ich, dass dies schwierige Fragen sind. Eine Sache jedoch weiß ich, und zwar, dass Gott etwas Neues tun will. Jesus ist dabei, seine Gemeinschaft zu bauen: Eine reine, leuchtende und heilige Braut, die für seine Wiederkunft bereit ist.

Wie Jesus es hier erklärt, arbeiten das Alte und das Neue nicht zusammen. Neuer Wein gehört in neue Schläuche, damit weder der Wein noch die Schläuche ruiniert werden.

> *Er machte es ihnen auch noch mit einem Vergleich deutlich: „Niemand schneidet ein Stück Stoff aus einem neuen Kleid, um damit ein altes zu flicken. Dann hätte er das neue Kleid zerschnitten und das Stück würde ja auch nicht zu dem alten passen. Und niemand füllt jungen Wein, der noch gärt, in alte Weinschläuche. Der Wein würde die Schläuche zerreißen und auslaufen. So wären Wein und Schläuche verdorben. Nein, jungen Wein füllt man in neue Schläuche!"* (Lk 5,36-38 NEÜ).

Darum müssen wir das „Alte" respektieren und genauso dem „Neuen", das Gott tun will, Raum geben. Ich schreibe „Alt" und „Neu" in Anführungszeichen, denn worüber ich in diesem Buch schreibe, gehört eigentlich zum „Alten". Wir haben uns einfach nur angesehen, wie die ersten Gemeinschaften funktionierten. Sie hatten die meisten Dinge nicht, die wir heute mit Kirche verbinden. Alles, was wir um uns herum sehen können, ist etwas Neues, das erst später dazu gekommen ist. Wie wir im folgenden Vers sehen können, ist das „Alte", das Original, das Beste, und sobald man es probiert hat, kann man nicht zum Zweitbesten zurückkehren.

> *Aber niemand, der vom alten Wein getrunken hat, will vom jungen etwas wissen. „Der alte ist besser", sagt er* (Lk 5,39 NGÜ).

Wenn du zum ersten Mal schmeckst, was Gemeinschaft wirklich ist, und die Freiheit erlebst, die kommt, wenn Dinge auf einfache Art und Weise getan werden, dann willst du nie wieder zurück zum „System". Ja, es kann schwierig sein und es hat seinen Preis, aber egal, was es kostet, du wirst nicht zurückwollen, denn das ist das Wahre. Wie wir lesen, werden beide, das Alte und das Neue erhalten bleiben, zumindest bis zu dem Tag, an dem Verfolgung anbricht. Unsere traditionellen Kirchen können nicht funktionieren, wenn Verfolgung kommt. Deshalb wird, wie wir es in anderen Ländern sehen können, Verfolgung das Ende der traditionellen Kirche sein. Wenn dies geschieht, hat Gott bereits eine Gemeinschaft aufgebaut, die feststehen und den Leuten helfen kann, die dann dazukommen müssen.

Glaube ich, dass es problemlos abläuft, wenn Leute mit dieser Reformation beginnen? Nein, überhaupt nicht. Das ist, was ich am Anfang des Buches erklärt habe. Ich hoffe natürlich, dass es so reibungslos wie möglich abläuft, aber wenn Leute anfangen, es zu verstehen und diesen Weg gehen wollen, wird es einige Konflikte geben. Das wird leider unvermeidbar sein.

Vor einiger Zeit erhielt ich dieses prophetische Wort:

> „Ich sehe eine Karte von Dänemark und ich sehe, dass ganz Dänemark aufgeteilt und zerrissen wird. Du musst alles Eigene aufgeben, wenn du den Preis zahlen willst."

Ja, das ist etwas, was wir alle tun müssen: uns selbst aufgeben, da es seinen Preis hat und uns trennen wird.

Wo ist deine Position in all dem? Die Zeit wird es zeigen. Vielleicht wirst du einiges davon aufgreifen, und vielleicht gehörst du zu denen, die Gott ruft, zu denen, die seine Gemeinde bauen und den Weg für andere ebnen, damit noch mehr in dieses grüne und fruchtbare Land hineinfinden. Falls es so ist, musst du bereit sein, dein Leben hinzugeben, damit du tun kannst, was getan werden muss. Vielleicht fängst du damit an, diese Vorstellung von Gemeinschaft ein wenig mehr zu erkunden oder etwas zu beginnen oder es anderen in deiner Gemeinschaft mitzuteilen. Egal, wo du stehst, es ist wichtig, dass du Gott selber suchst. Wenn du Gott von ganzem Herzen suchen wirst, wird er dich leiten.

Ich hoffe, dass dieses Buch zu einem Segen für dein Leben wird. Ich hoffe, dass es auf die eine oder andere Art ein Teil der Reformation sein kann, die in deinem Leben beginnt.

Jesus möchte seine Gemeinde durch seinen Heiligen Geist bauen, und er will dich als lebendigen Stein dazu gebrauchen. Darum gib ihm die Erlaubnis dazu und lass die dritte Reformation beginnen.

Gott segne dich!

Torben Søndergaard
Ein Jünger Jesu Christ
www.TheLastReformation.com

Über den Autor

Torben Søndergaard wuchs in einer nichtchristlichen Familie auf. Nachdem er mit einem Freund am 5. April 1995 einen Gottesdienst besucht hatte, wandte er sich Gott zu und hatte eine starke persönliche Begegnung mit Jesus, die sein Leben komplett veränderte. Fünf Jahre später begann er, aufgrund einer Gott Bibelstelle und weil er unbedingt mehr mit Gott erleben wollte, ein vierzigtägiges Fasten, wodurch vieles in seinem Leben verändert wurde. Seine Augen waren offener für Gottes Wort und er verstand besser, um was es in den Evangelien geht. Er begann zu erkennen, wie lauwarm Christen geworden waren und wie weit sie von der Wahrheit abgekommen sind. Er erkannte, dass Gott ihn dazu berufen hat, sein Wort kompromisslos zu verkündigen.

Torben hat erlebt, dass viele Menschen gerettet, geheilt und von Dämonen befreit wurden. Er ist der Gründer der Missionsorganisation „The Last Reformation" („Die letzte Reformation"), einer Bewegung, die sich in den letzten Jahren weltweit verbreitet hat.

Diese Bewegung hilft der Gemeinde, zu dem Leben zurückzukehren, das wir in der Apostelgeschichte finden. Sie bildet Tausende von Gläubigen aus und macht sie zu Jüngern, um das Evangelium zu verbreiten und zu erleben, dass Menschen geheilt, befreit und wiedergeboren werden. Sie tun dies durch ihre vielen praxisorientierten Schulungen auf der ganzen Welt und die dreitägigen Kickstart-Wochenenden zusammen mit der kostenlosen Online-Pionierschule.

Torben hat mehrere andere Bücher und Broschüren geschrieben und drei Filme produziert, die auf DVD oder auf seinem YouTube-Kanal verfügbar sind. Der YouTube-Kanal hat über 100.000 Abonnenten und wurde schon von Millionen gesehen.

Torben und seine Frau Lene leben derzeit in den USA und haben drei Kinder und zwei geschätzte Enkelkinder. Weitere Informationen finden sich auf ihren Websites:

- TheLastReformation.com

- TLRmovie.com
- TLRmap.com
- YouTube.com/TheLastReformation

Weitere Bücher von Torben Søndergaard

Der Ruf Jesu

Die Ernte ist reif und groß. Finde Personen des Friedens und mache sie zu Jüngern!

336 S., Paperback

Anhand der Worte, mit denen Jesus in Lukas 10 die Jünger aussandte, der praktischen Beispiele aus der Apostelgeschichte und vieler seiner eigenen eindrücklichen Erfahrungen, ermutigt uns Torben Søndergaard, uns genauso senden zu lassen, wie die Jünger damals.

Wir erfahren, wie wir die Menschen finden, die wirklich offen sind für den Glauben, wie wir ihnen helfen können, eine echte Wiedergeburt zu erleben und ihr Leben als Jünger zu beginnen, und wie durch sie weitere Menschen in ihrem Umfeld zum Glauben kommen.

Christ, Jünger oder Sklave?

110 S., Paperback

Der christliche Glaube hat sich gegenüber der Zeit der ersten Christen bis heute sehr verändert. Gerade auch in den letzten Jahrzehnten gab es große Veränderungen, vor allem in der westlichen Welt. Geändert hat sich die Art zu predigen und vor allem unsere Beziehung und unser Verständnis vom Glauben. Insbesondere kann man heute häufig hören, dass Christen nicht hinterfragen sollen, ob sie wirklich im Glauben leben.

Das aber ist genau das Gegenteil dessen, was Paulus im Brief an die Korinther schreibt: *„Fragt euch doch einmal selbst, ob ihr im Glauben steht, und prüft euch! Erfahrt ihr dann nicht an euch selbst, dass Christus in euch ist? Wenn nicht, dann hättet ihr euch nicht bewährt"* (2. Korinther 13,5). Wer oder was ist nun ein Christ?

Weitere Bücher von GloryWorld-Medien

„Kirche nach dem Herzen Gottes"

Frank Viola, Ur-Christen

Eine außergewöhnliche Chronologie der Ereignisse des Neuen Testaments, 220 Seiten, Paperback

Das Neue Testament ist nicht chronologisch geordnet, weshalb manches darin missverstanden wird. *Ur-Christen* verbindet daher die verschiedenen Bücher des NT miteinander. Daraus entsteht eine einzigartige, fortlaufende Geschichte.

Das Buch gibt uns insbesondere einen tiefen Einblick in das praktische, pulsierende Gemeindeleben der ersten Christen.

Geschichtliche, politische und soziologische Daten, Landkarten und Hintergrundinformationen runden das Bild von der damaligen Situation ab und lassen uns unser Neues Testament in Zukunft mit ganz anderen Augen lesen.

Frank Viola, Ur-Gemeinde

Wie Jesus sich seine Gemeinde eigentlich vorgestellt hatte, 300 S., Paperback

Nachdem er in Heidnisches Christentum? die Hintergründe vieler unserer Traditionen aufgezeigt hat, geht Frank Viola in Ur-Gemeinde auf Gottes ursprünglichen Plan für die Gemeinde ein. Es entsteht ein klares und herausforderndes Bild von Gemeinde, das ein Umdenken in vielen Bereichen unumgänglich macht.

Die Themen, auf die Autor konkret behandelt, sind u. a.: Gemeinde als Organismus und als Familie, das praktische Leben und die Einheit der Gemeinde, Gemeindeleitung, geistliche Autorität, Unterordnung und apostolische Tradition.

Frank Viola, Ur-Praxis

Gründung und Aufbau organischer Gemeinden, 280 S., Pb.

Viele christliche Gemeinschaften kämpfen heute ums Überleben, weil nicht das richtige Fundament gelegt wurde und die Ziele Gottes für seine Gemeinde nicht verstanden worden sind.

In diesem umfassenden Leitfaden für die Gründung und den Aufbau organischer Gemeinden stellt Frank Viola zunächst das ursprüngliche Design für die Gemeinde Jesu vor.

Danach geht er darauf ein, wie wir heute auf der biblischen Grundlage zu lebensverändernden Gemeinden kommen – echten Gemeinschaften, die nicht nur wachsen, sondern blühen und sich auf natürliche Weise vermehren.

Frank Viola / George Barna
Heidnisches Christentum?

Über die Hintergründe mancher unserer vermeintlich biblischen Gemeindetraditionen; 336 S., Pb.

Punkt für Punkt nehmen uns die Autoren an die Hand und zeigen auf, wie die einfache, dynamische Glaubenspraxis der ersten Christen durch die Öffnung für außerbiblische Praktiken und Philosophien abhandenkam und welche dramatischen Folgen die jeweiligen Einflüsse hatten.

Zu den untersuchten Themen gehören u. a. Gottesdienstpraxis, Klerus und kirchliche Strukturen, Kirchengebäude, die Rolle des Pastors, Tauf- und Abendmahlspraxis, Umgang mit Finanzen und die christliche Ausbildung.

Neil Cole, Organische Gemeinde

Wenn sich das Reich Gottes ganz natürlich ausbreitet

288 Seiten, gebunden

Wie wäre es, wenn Gemeinden auf organische Weise entstünden, wie kleine geistliche Familien, aus dem Boden der Verlorenheit geboren, weil hier der Same Gottes ausgesät wurde? Genau dies erlebte Neil Cole, nachdem er anfing umzusetzen, was Jesus selbst zum Thema Gemeinde lehrte.

Innerhalb von sechs Jahren entstanden 800 solche Gemeinden in 32 Ländern. In diesem Buch fasst er seine Erkenntnisse zusammen: Welche Sicht hatte Jesus selbst von der Gemeinde? Die organische Natur des Reiches Gottes / Der genetische Aufbau des Leibes Christi / Jesu Strategie, sein Reich auszubreiten / Unsere hohe Berufung, an Gottes Plan mitzuwirken.

Neil Cole, Leiten lernen wie Paulus

Hineinwachsen in ein Leben, das Kreise zieht;

240 S., Klappenbroschur

Welche Lektionen können wir von Paulus, einem der größten Weltveränderer der Geschichte lernen? Welche Lebens- und Leiterschule durchlief er, um am Ende sagen zu können: „Ich habe den guten Kampf gekämpft, ich habe den Lauf vollendet …" (2 Tim 4,7)?

In diesem Buch untersucht Neil Cole, ein erfahrener Coach und Gründer organischer Gemeinden das Leben des Apostels Paulus. Wir lernen wertvolle Lektionen darüber, wie Gott in verschiedenen Lebensphasen einen Leiter formt und ihn zum Ziel bringt.

Leiten bedeutet dabei, Einfluss zu haben. Jeder ist dazu geboren, jemand zu werden, der Einfluss hat – egal, ob er wie Paulus unerreichten Völkern das Evangelium bringt oder Kinder so erzieht, dass sie unsere Gesellschaft positiv prägen.

Felicity Dale

Gesunder Start für Hauskirchen

Ein praxisorientiertes Handbuch für einfache Gemeinden

140 Seiten, Großformat-Paperback

Wer sich in Richtung einfache Gemeinde aufmacht, wird häufig feststellen, dass von der Theorie zur Praxis und vom Wunsch zur Wirklichkeit ein weiter Weg liegt.

Felicity Dale fasst in diesem Handbuch ihre eigene langjährige Erfahrung im Gründen, Führen und Begleiten von Hauskirchen zusammen und lässt außerdem die erfahrensten Hauskirchenpraktiker zu Wort kommen. Somit entsteht ein ganzheitliches Bild der diversen Aspekte, die das Gelingen einfacher Gemeinden ausmachen.

Larry Crabb, Orte der Geborgenheit und Heilung

Auf dem Weg zu authentischen geistlichen Gemeinschaften

280 S.; Paperback

In In diesem bahnbrechenden Buch stellt uns Larry Crabb ein inspirierendes Bild vor Augen, was Kirche bzw. Gemeinde, ja auch jede Ehe, Familie und Kleingruppe eigentlich sein könnte: eine echte geistliche Gemeinschaft, ein Ort, an dem nicht erwartet wird, dass man schon eine gewisse Perfektion erreicht hat, sondern wo sich Menschen miteinander auf den Weg zu Gott machen.

In *Orte der Geborgenheit und Heilung* befasst sich Larry Crabb mit einem solchen Ort, an dem Gott Menschen heilen kann und an dem sie wieder miteinander in Verbindung kommen und letztlich auch mit ihm.

Marcel Roman, Ein Ort für seine Herrlichkeit

Anregungen für eine himmlische Sicht von Gemeinde

160 S., Paperback

Nichts ist bedeutender als die Gegenwart und das Reden Gottes. Deshalb sollte es unsere wichtigste Aufgabe sein, einen Ort für unseren Herrn zu bereiten, an dem er zu uns reden und wirken kann, wie er es möchte.

Wir sollten uns fragen: Inwiefern sind unsere derzeitigen Kirchen- und Gemeindestrukturen darauf ausgelegt, dass Gott dem Menschen begegnet? Jesus beklagt an einer Stelle, dass der Menschensohn keinen Ort hat, wo er sein Haupt hinlegen kann. Wie sieht es damit in unseren heutigen Gemeinden aus? Erwarten und rechnen wir wirklich mit Gottes Gegenwart, oder pflegen wir eher unsere liebgewonnenen Traditionen und Strukturen? Diesen Fragen geht dieses Buch nach.

Wayne Jacobsen / Dave Coleman

Der Schrei der Wildgänse

Aufbrechen zu einem freien Leben in Christus jenseits von Religion und Tradition; 220 Seiten, Paperback

Wie können wir heute als Einzelne und in Gemeinschaft in der Freiheit leben, zu der uns Christus befreit hat? Wie können wir religiöse Zwänge entlarven, die uns diese Freiheit immer wieder rauben wollen?

Die Autoren beantworten diese Fragen mitten aus dem Leben. Sie zeigen auf, wie wir heute ganz praktisch mit Jesus leben und eine Freude und eine Freiheit erleben können, von der wir bisher bestenfalls träumen konnten.

Wayne Jacobsen, Geliebt!

Tag für Tag in der Zuneigung des himmlischen Vaters leben

240 S., Paperback

Jeden Tag ein Leben zu führen, in dem wir völlig sicher sind, dass wir bedingungslos von Gott geliebt sind – ist das wirklich möglich, und wie sieht das konkret aus?

Wayne Jacobsen bringt uns Schritt für Schritt nahe, wie tief die Liebe Gottes zu uns tatsächlich ist. Wir entdecken dabei, dass wir nicht zu Sklaven, sondern zu Söhnen und Töchtern berufen sind.

Die liebevolle Zuneigung unseres Vaters im Himmel gilt uns in allen Umständen. Wir erfahren eine lebendige Beziehung zu ihm, die uns von der Qual der Scham befreit und uns so verändert, dass wir als seine Kinder leben können.

Wayne Jacobsen

Die Gemeinschaft der Neuen Schöpfung

Wie wir sie finden und warum es noch so viel mehr gibt

272 S.; Paperback

Seit über 50 Jahren beschäftigt den Autor die Frage nach der authentischen neutestamentlichen Gemeinde. Er hat sie schließlich an den ungewöhnlichsten Orten entdeckt und möchte uns dabei helfen, diese unglaubliche, von Jesus geformte Braut zu finden.

Dazu betrachtet er die Gemeinde aus Gottes Sicht. Sie beginnt im Herzen Einzelner und fügt sich dann zu einer weltweiten Gemeinschaft von Menschen zusammen, die untereinander Gottes Herrlichkeit zum Ausdruck bringen.

Phil Mason, Die Ergründung des Herzens

Eine Einführung in die Herzensrevolution; 240 S., Pb.

Band 1 der Reihe „Übernatürliche Transformation"

Willkommen zur Herzensrevolution! Phil Mason bringt uns mit diesem Buch wieder mit dem Herzen Gottes – und somit auch unserem eigenen Herzen – in Verbindung. Begegnen wir der verschwenderischen Liebe des Vaters, erweckt sie in unserem Herzen eine neue Begeisterung und Leidenschaft.

Jesu Modell der Herzensverwandlung stützt sich nicht auf irdische Weisheit und Methoden. Er möchte, dass wir durch eine Begegnung mit der Herrlichkeit und Macht Gottes verwandelt werden.

Phil Mason, Das Wunder der Neuen Schöpfung

Die Grundlage der Herzensrevolution; 264 S., Pb.

Band 2 der Reihe „Übernatürliche Transformation"

Was genau passiert bei der Wiedergeburt eines Christen? Welche Segnungen gehen damit einher? Wie kommen wir dahin, vom Geist bestimmt zu werden? Und wie geschieht es, dass wir ganz heil werden und immer mehr Christus widerspiegeln?

Phil Mason legt die umfassende Grundlage dafür, dass jeder Christ die Tatsachen und Prozesse versteht, die uns zu siegreichen Christus-Nachfolgern machen. Das ist Voraussetzung für die Revolution, die Gott in seiner Gemeinde gerade in Gang bringt.

Phil Mason, Quanten-Herrlichkeit

Die Wissenschaft von der Inbesitznahme der Erde durch den Himmel; 520 Seiten, Paperback

Quanten-Herrlichkeit erläutert auf eine äußerst spannende Weise die Zusammenhänge zwischen den faszinierenden Erkenntnissen der Quantenmechanik und der Herrlichkeit Gottes.

Der erste Teil untersucht die subatomare Welt und enthüllt ihren außergewöhnlich komplexen göttlichen Plan, der die Genialität unseres Schöpfers offenbart.

Im zweiten Teil erklärt der Autor ausführlich, wie die Herrlichkeit Gottes in unser physisches Universum eindringt, um Wunder göttlicher Heilung zu bewirken.

Das Buch ist vollgepackt mit verblüffenden Erkenntnissen, aber mehr als das, ist es dazu bestimmt, uns für den übernatürlichen Dienst auszurüsten, damit wir die Herrlichkeit Gottes auf der Erde freisetzen, wie sie im Himmel ist!

James Goll

Geistlich wahrnehmen und unterscheiden

Wie wir Offenbarungen empfangen, prüfen und anwenden können; 216 S.

James Goll erklärt, dass jeder Nachfolger Jesu geistliche Offenbarungen empfangen und prüfen kann, auch wenn einige als Propheten besonders begabt sind. Er legt präzise dar, wie wir unsere Sinne dem Heiligen Geist hingeben können, damit wir geistlich wahrnehmen können.

Und er erläutert, wie wir Offenbarungen prüfen, anwenden und letztlich verinnerlichen können, damit die Menschen sie nicht nur hören, sondern in uns sehen.

Für das vertiefte Studium ist ein Arbeitsbuch erhältlich.

James Goll

Die Gaben des Heiligen Geistes freisetzen

216 S., Paperback

Der Heilige Geist demonstriert Gottes übernatürliche Kraft durch seine Gemeinde heute, indem seine Herrlichkeit auf globaler Ebene freigesetzt wird. Alle Gaben Gottes sind immer noch voll funktionsfähig, und jeder einzelne Gläubige ist dazu bestimmt, im Fluss Gottes zu leben und seine Bestimmung zu erfüllen.

James Goll zeigt auf, wie der Heilige Geist durch die neun bekanntesten Geistesgaben wirkt und wie wir sie unter Gottes Leitung für die Erfüllung des Missionsbefehls einsetzen können.

Anhand vieler anschaulicher Beispiele aus der Bibel und aus der Gegenwart lernen wir, wie geistliche Gaben in der Praxis funktionieren. Aber es geht in diesem Buch nicht nur darum, wie man seine geistlichen Gaben entdeckt oder empfängt, sondern wie man sie freisetzt und weitergibt!

Für das vertiefte Studium ist ein Arbeitsbuch erhältlich.

Bill Johnson / Randy Clark, Berufen zu heilen I

Grundlagen und Praxis des Gebets für Kranke, 240 S., Pb.

Jeder Christ kann von Gott gebraucht werden, um anderen Heilung zukommen zu lassen. Das ist das Anliegen der beiden Autoren. Dazu berichten Sie, wie Gott sie in den Heilungsdienst hineinführte, und legen anschließend klare biblische Grundlagen für das Heilungsgebet. Im umfangreichsten Teil gehen sie auf verschiedene Aspekte ein, die für eine Heilung förderlich sind, erläutern, wie seelische und körperliche Krankheiten zusammenhängen und stellen dann ein in der Praxis bewährtes Modell für das Gebet um Heilung vor, das für alle Christen leicht anwendbar ist.

Jim Gettmann

Der Ruf des Schofars

Das ursprüngliche, hebräisch geprägte Christsein wiederentdecken, 340 Seiten, Paperback

Vergleichbar mit einem Schofarstoß ruft der Heilige Geist seine Gemeinde heute auf, zu den Grundlagen des Lebens in Gott zurückzukehren, die er uns ursprünglich gegeben hat. Was sind diese Grundlagen? Was erwartet Gott von uns? Zu welchen Wurzeln kehren wir zurück?

Das Buch lässt uns entdecken, was Gott von Anbeginn mit den Menschen und dem Gesetz vorhatte und weshalb ein neuer Bund erforderlich war. Nur wenn wir den Sinn und die Funktion des Alten Bundes verstehen, werden wir auch den Neuen Bund richtig verstehen können.

Don Atkin, Wie der Vater, so der Sohn

Jünger machen nach dem Herzen Gottes; 192 S., Paperback

Wie können die Vaterlosigkeit und Waisenmentalität, die sowohl unsere Gesellschaft als auch weite Teile der Kirche/Gemeinde prägen, im Geist Christi überwunden werden?

Jesus, der vollkommene Sohn offenbarte Vater- und Sohnschaft als Weg unserer Bestimmung. Don Atkin zeigt auf, wie dadurch, dass natürliche und geistliche Väter – im Einklang mit dem Wirken des Heiligen Geistes – für Einzelne Verantwortung übernehmen, reife Söhne (und Töchter) hervorgehen. Weiter gibt er praktische Richtlinien zur persönlichen Jüngerschaft. Eine Pionierleistung auf diesem dringlichen Themenfeld.

Larry Kreider

Authentisches geistliches Mentoring

Anderen helfen, im Glauben zu reifen; 240 Seiten, Pb.

Es ist kein Geheimnis, dass es einen großen Bedarf an geistlichen Vätern und Müttern gibt, die Mentoren für jüngere Christen sein können. Mit diesem praktischen Handbuch gibt uns Larry Kreider bewährte biblische Prinzipien an die Hand, sodass Mentor-Beziehungen gelingen.

Er stellt insbesondere das Mentoring-Modell Jesu vor und zeigt auf, wie wir dieses in unserer geistlichen Familie anwenden können. Ob Sie nun einen geistlichen Mentor suchen oder einer werden wollen – dieses Buch ist gleichermaßen für Sie geeignet!